Putgarten
GELLORT
KAP ARKONA
WITTOW
Nationalpark Vorpommersche Boddenlandschaft
Altenkirchen
TROMPER
WIEK
Dranske
WIEKER BODDEN
Wiek
Breege
Juliusruh
LIBBEN
SCHAABE
DORNBUSCH
BESSIN
BUG
BREEGER BODDEN
Lohme
Königsstuhl Stubbenkammer
Kloster
BUGER BODDEN
LEBBINER BODDEN
Glowe
JASMUND
Vitte
VITTER BODDEN
BREETZER BODDEN
LEBBIN
LIDDOW
Spyckerscher See
STUBNITZ
Nationalpark Jasmund
Wittower Fähre
Sagard
HIDDENSEE
Rassower Strom
Neuenkirchen
GROSSER
JASMUNDER
BODDEN
Sassnitz
Trent
Neuendorf
SCHAPRODER BODDEN
Schaprode
Tetzitzer See
Neuendorfer Wiek
Lietzow
Mukran
UDARSER WIEK
UMMANZ
Koselower See
Ralswiek
KLEINER JASMUNDER BODDEN
PRORER
THIESSOW
SCHMALE HEIDE
GELLEN
Waase
Gingst
Nonnensee
WIEK
Varbelitzer Bodden
PULITZ
BUHLITZ
BOCK
LIESCHOW
HEUWIESE
RUGARD
Biosphärenreservat Südost-Rügen
Barther Zufahrt
Binz
Schmachter See
KUBITZER
LIEBITZ
Landower Wedde
GRANITZ
BODDEN
Bergen
PROHNER WIEK
Sehrower Bach
Sellin
Priebowsche Wedde
Selliner See
Baabe
Putbus
Neuensiener See
NORDPERD
Samtens
Göhren
Rambin
Lauterbach
HAVING
STRESOWER BUCHT
Middelhagen
ALT REDDEVITZ
Garz
VILM
Gager
Lobbe
Altefähr
Stralsund
Wreechener See
HAGENSCHE WIEK
RÜGISCHER BODDEN
GROSS ZICKER
Groß Zicker
Wampener Wiek
Gustow
Thiessow
DRIGGE
Gustower Wiek
Poseritz
KLEIN ZICKER
Schoritzer Wiek
Zicker See
SÜDPERD
Puddeminer Wiek
MÖNCHGUT
DEVIN
Zudar
Deviner See
STRELASUND
Maltziener Wiek
GLEWITZ
ZUDAR
GREIFSWALDER
Stahlbrode
Glewitzer Fähre
PALMER ORT
RUDEN
BODDEN
0
5
10 km

DELIUS KLASING

Rolf Reinicke

RÜGEN

Insellandschaften

Delius Klasing Verlag

Bibliografische Information der Deutschen Nationalbibliothek
Die Deutsche Nationalbibliothek verzeichnet diese Publikation in der Deutschen Nationalbibliografie; detaillierte bibliografische Daten sind im Internet unter http://dnb.d-nb.de abrufbar.

1. Auflage
ISBN 978-3-7688-2689-1

Fotos und Texte: Rolf Reinicke
Lektorat und Zeichnungen: Inge Reinicke
www.kuestenbilder.de

Layout, Vorsatzkarte und Umschlaggestaltung:
Matthias Reinicke
www.limedesign.ab.ca

Reproduktionen: rügendruck puttbus
Druck: aprinta druck, Wemding
Printed in Germany 2010

Delius Klasing Verlag,
Siekerwall 21, D-33602 Bielefeld
Tel.: 0521/559-0, Fax: 0521/559-115
E-Mail: info@delius-klasing.de
www.delius-klasing.de

Titelfoto:
Blick zum Königsstuhl.

Foto rechts:
Rügenlandschaften laden ein zum Entdecken und Erleben – Wegweiser auf dem Höhenweg über den Großen Zicker.

Rücktitel:
Winter am Nonnensee bei Bergen.

INHALT

Insel der Vielfalt 7
Die Landschaften Rügens

Landschaft unterm Eis 15
Formung der Oberfläche

Wie Rügen zur Insel wurde 25
Meeresspiegelanstieg und Überflutung

Dynamik der Inselküsten 31
Beständiger Landschaftswandel

Mensch und Landschaft 43
Kulturlandschaft Rügen

Geschützte Landschaft 55
Bewahrung der Vielfalt

Rügen erleben 63
Urlaubs- und Freizeitlandschaft

Halbinsel Wittow 69
mit Kap Arkona, Bug und Schaabe

Halbinsel Jasmund 79
mit Kreideküste und Stubnitzwald

Östliches Muttland 95
mit Schmaler Heide, Granitz, Rugard, Goor und Vilm

Halbinsel Mönchgut 111
mit Alt Reddevitz, Groß Zicker und Klein Zicker

Westliches Kernland 125
mit Ummanz, Lieschow, Liddow und Lebbin

Ufer am Strelasund 135
mit Zudar, Glewitz und Drigge

Insel Hiddensee 147
mit Dornbusch, Bessin und Gellen

INSEL DER VIELFALT

Die Landschaften Rügens

Hoch aufragende Kreidesteilufer, weite weiße Sandstrände, mit Kiefernwald bewachsene Nehrungen, stille Boddenufer mit breiten Schilfsäumen, kahle Trockenrasenhügel, dichte Buchenwälder, ausgedehnte „Agrarsteppen" ... Rügen ist nicht nur die größte aller deutschen Inseln. Sie wird auch in ihrer landschaftlichen Vielfalt von keiner anderen übertroffen.

Die 936 Quadratkilometer große Insel ist, genau genommen, ein Bauwerk aus drei größeren und einigen kleineren miteinander verbundenen Inseln. Die ungewöhnliche Vielfalt Rügens ist darauf zurückzuführen, dass jede der so entstandenen Halbinseln ihre ganz eigene Gestalt, einen ganz speziellen, unverwechselbaren Landschaftscharakter besitzt. Wer die besonders reich gegliederte Insel beschreiben möchte, wird daher recht bald vom Allgemeinen zum Speziellen übergehen. Denn es gibt nicht die eine Rügenlandschaft schlechthin, sondern bemerkenswert viele, völlig unterschiedliche Landschaftsbilder.

Mit den Halbinseln Jasmund im Nordosten und Mönchgut im Südosten sowie der westlich des rügenschen Kernlandes gelegenen Insel Hiddensee besitzt Rügen drei besondere Kostbarkeiten der deutschen Küstenlandschaft, die weiträumig unter Naturschutz stehen. Dazu kommen viele andere interessante Gebiete, von denen die meisten direkt an der Küste liegen.

Rügens ungemein vielfältige Ufer – das sind einerseits die weiten Schwünge der hellen Sandstrände ihrer flachen Nehrungen und die markanten Kliffe ihrer hoch aufragenden Steilküsten (die höchsten Deutschlands) an der Außenküste, andererseits die mehr als 200 Kilometer langen, reich gegliederten Ufer der zahlreichen Bodden. Diese „Binnenküste" Rügens zählt zur vorpommerschen Boddenlandschaft. Als Bodden bezeichnet man jene flachen Gewässer, die aus Buchten der freien Ostsee entstanden und heute durch Sandhaken oder Nehrungen weitgehend von ihr getrennt sind. Dadurch gibt es hier eine vollendet ausgebildete Doppelküste – etwas Einmaliges im gesamten Ostseeraum.

Rügen besitzt landschaftliche Kontraste verschiedenster Art und wirkt nicht überall gleichermaßen anziehend. In jenen Gebieten, in denen das Bild der Landschaft von einer hoch effizienten Landwirtschaft geprägt wird, gibt es hier und da weite „ausgeräumte" Agrarflächen, die besonders zur Zeit abgeernteter Felder sehr trostlos wirken. Doch daran denkt sicher niemand, der auf dem Königsstuhl, auf dem Turm des Jagdschlosses Granitz, dem Bakenberg auf Groß Zicker oder dem Dornbusch auf Hiddensee steht.

Dieses Buch soll anregen zum eigenen Entdecken und Erleben von Vielfalt und Schönheit der Insel Rügen – besonders zu Fuß, mit dem Fahrrad oder per Boot.

◄ *Rügen-Aussicht – Der Blick von der Höhe des Großen Zicker nach Gager, zur Hagenschen Wiek, nach Alt Reddevitz und zur Granitz im Hintergrund.*

▲ *Am Kleinen Jasmunder Bodden – Der Blick von der Halbinsel Thiessow zur Halbinsel Pulitz zeigt eine typische Ufersituation an diesem Bodden, der am stärksten von der freien Ostsee abgeschnürt ist und sehr an einen großen Binnensee erinnert. Durch die schmale Schleuse vor Lietzow dringt aber – bedingt durch den beständig schwankenden Pegel von Meer und Bodden – noch immer so viel schwach salziges Wasser ein, dass dieses stille Gewässer die Bezeichnung „Bodden" völlig zu Recht trägt.*

▶ *Schilfgürtel am Großen Jasmunder Bodden nahe Polchow – An vielen Boddenufern, besonders in stillen Buchten und in sehr flachen Arealen, gibt es ausgedehnte Röhrichtbestände, in denen überwiegend Schilf wächst. Als landseitige Begrenzung findet man häufig eine niedrige, oft mit Bäumen und Sträuchern bewachsene Geländestufe – den früheren Uferhang, gegen den die Wellen schlugen, bevor das Röhricht zu wachsen begann und die Verlandung einsetzte.*

◀ *Kreideküste im Nationalpark Jasmund, Kieler Ufer und Kollicker Ufer – Viele, die Rügen nur aus der Ferne kennen, besitzen nur ein einziges Rügenbild: die Kreidesteilufer der Halbinsel Jasmund. Tatsächlich bildet die Kreideküste die spektakulärste Landschaft der durch ihre Vielfalt bekannten größten deutschen Insel. Aber sie nimmt nur einen Bruchteil ihrer insgesamt 570 Kilometer langen Küstenlinie (Außenküste und Boddenufer) ein.*

▲ *Feldblumen in einem Rapsfeld auf Wittow, im Hintergrund die Türme von Kap Arkona – Weite, ebene oder flachwellige Feldlandschaften stehen vielerorts im Kontrast zu den Steilufern, von denen sie see- oder boddenseitig begrenzt werden. Tourismus und Landwirtschaft sind auf Rügen die weitaus wichtigsten Erwerbsquellen.*

▶▶ *Sommerlicher Strand vor Binz, dem größten Ostseebad der Insel Rügen.*

LANDSCHAFT UNTERM EIS

Formung der Oberfläche

Die Grundformen der heutigen Rügenlandschaft entstanden in der Eiszeit. So wie in ganz Norddeutschland erhielt auch dieses Gebiet sein Relief erst in den vergangenen 500 000 Jahren. Dreimal schoben sich in jener Zeit gewaltige Eismassen von Skandinavien her über diesen Raum; bedeckte hunderte Meter dickes Eis die Landschaft.

Zuerst planierte das Inlandeis alle vorhandenen Erhebungen. Beim Abschmelzen hinterließ es dann eine dicke Schicht von Lockermassen – Mergel, Sand, Kies und Gerölle – angehäuft als Moränen oder als Schmelzwasserablagerungen. Diese eiszeitlichen Bildungen liegen als geschlossene Decke, die an einer Stelle nur wenige Meter, an anderer auch mehr als hundert Meter dick sein kann, über allen älteren Gesteinen. An der Basis der eiszeitlichen Ablagerungen befindet sich im rügenschen Gebiet fast überall Schreibkreide.

Schreibkreide als Basis

Die Schreibkreide gilt als bekanntestes Gestein der Insel Rügen. Die Rügener Schreibkreide ist ein reiner, weicher Kalk – eine Meeresablagerung. Sie entstand gegen Ende der Kreidezeit, die nach diesem auffälligen Gestein kurz „Kreide" genannt wird. Damals, vor ungefähr 67 Millionen Jahren, bedeckte ein flaches, warmes Meer (das „Kreidemeer") den gesamten norddeutschen Raum. An seinem Boden wurde aus den Resten winziger Meeresorganismen feinster Kalkschlamm gebildet, der sich später zu Kreide verfestigte. Seinen Namen erhielt das weiche Gestein von seiner früheren Verwendung. Die aufgeschlämmte und wieder getrocknete Kreide wurde in Stücke geschnitten und als Tafelkreide verwendet. Heute wird diese aus Gips hergestellt.

Die Schreibkreide, die man am besten an den Steilküsten im Nationalpark Jasmund bewundern kann, bildet also auf Rügen das Fundament aller eiszeitlichen Ablagerungen, von denen die Grundmoränen am weitesten verbreitet sind.

◀ Steilufer bei Neu Mukran auf Jasmund – Schreibkreide, Geschiebemergel und Schmelzwassersand sind die wichtigsten Ablagerungen, welche die Basis der Landschaft auf Rügen bilden. Hier sind sie aufgeschlossen.

Grundmoränen und Geschiebe

Grundmoränen entstanden am Grunde des Inlandeises. Schon bei dessen Vorschub bildete sich unter dem Eis ein zäher Gesteinsbrei. Seine Hauptbestandteile waren die „Hobelspäne" der vom Eis abgeschürften Ablagerungsgesteine des Untergrundes, also auch Schreibkreide. Hinzu kam jenes Lockermaterial, das, vom Norden mitgebracht, an der Basis des Eises ausschmolz.

Auf diese Weise entstand der Geschiebemergel – eine Grundmasse aus Ton und Kalk (= Mergel), in die Sand, Kies und Gesteinsbrocken eingelagert wurden. Auch die Grund-

moränen der Insel Rügen bestehen aus derartigem Geschiebemergel. Er wird so genannt, weil in ihm Geschiebe in großer Zahl wie die Rosinen im Kuchen stecken. Geschiebe sind alle jene Gesteinsbrocken unterschiedlichster Art und Größe, die vom Eis aus Skandinavien und dem Ostseeraum mitgeführt – also hierher geschoben wurden. Die größten von ihnen bezeichnet der Volksmund als Findlinge. Sie zählen auch auf Rügen zu den besonderen Sehenswürdigkeiten.
Frischer, nicht verwitterter Geschiebemergel (so wie man ihn nach Abbrüchen an den Steilufern beobachten kann) ist grau, graubraun oder graugrün – an einer Stelle heller, an der anderen dunkler. Das liegt an dem unterschiedlich zusammengesetzten Gemisch der Grundmasse. Bei hohem Anteil an Kreide sieht sie heller, bei überwiegendem Tonanteil dunkler aus. Meist ist der Geschiebemergel an den Steilufern, also dort, wo man ihn am häufigsten beobachten kann, bereits etwas verwittert.

Geschiebelehm

Aus Geschiebemergel entsteht durch Verwitterung Geschiebelehm. Erste Anzeichen dieser Umwandlung erkennt man an einem charakteristischen Farbumschlag zum intensiven Braun oder Ocker, zur typischen Lehmfarbe. Diese Erscheinung lässt sich leicht erklären: Die in der tonigen Grundmasse enthaltenen Eisenverbindungen oxidieren. Das Gestein beginnt zu „rosten". Gleichzeitig werden – allerdings langsamer – seine kalkigen Bestandteile vom Niederschlagswasser herausgelöst. Im Laufe dieses Verwitterungsprozesses wird der kalkreiche Geschiebemergel zum kalkarmen Geschiebelehm. Alle die ebenen, flachwelligen oder sanft hügeligen Feldlandschaften der Insel Rügen mit ihren schweren, ertragreichen Böden sind solche Geschiebelehmgebiete. Dieser Lehm ergibt einen fetten, fruchtbaren Ackerboden, besonders geeignet für anspruchsvolle Kulturen wie Weizen, Raps oder Zuckerrüben. Manche der Geschiebelehmböden sind nicht nur fruchtbar, sondern auch steinig. Die von den Äckern abgesammelten größeren Geschiebe dienten früher als Baumaterial. Die kleineren schüttete man in die Sölle.

„Augen der Landschaft"

In den weiten Grundmoränengebieten fallen kleine Senken mit tümpelartigen Gewässern auf. Diese meist rundlichen Einsenkungen unterschiedlicher Größe heißen Sölle und entstanden auf originelle Weise: Ein großer Eisklotz wurde während einer Vereisung in den Geschiebemergel hineingepresst und überdeckt. Als er später beim langsamen Tauen des Dauerfrostbodens allmählich abschmolz, senk-te sich dort der Boden. Die somit entstandene Hohlform füllte sich alsbald mit Wasser – das Söll war fertig. Später bewuchs der Rand häufig mit Bäumen und Sträuchern. Diese „Augen der Landschaft", wie man die Sölle poetisch bezeichnet, bereicherten einst in großer Zahl die Feldlandschaften auf Rügen. Heute sind Sölle auf den Äckern selten geworden, denn im Zuge der Flurbereinigung hat man viele zugeschüttet und somit wesentlich zur Verarmung der Landschaft beigetragen.

▶ *Steilufer aus Geschiebelehm am Gänseort auf Klein Zicker (Mönchgut) – Geschiebelehm entsteht bei der Verwitterung von Geschiebemergel. Dabei „rostet" diese Ablagerung des Eises und erhält ihren charakteristischen Ockerton, der einigen Kliffen auf Rügen ihre auffallende Farbe verleiht, die im trockenen Zustand deutlich heller erscheint als im feuchten – so wie es dieses Foto zeigt. Im Geschiebelehm stecken die Geschiebe wie die Rosinen im Kuchenteig. Werden sie ausgewaschen, bleiben sie auf dem Strand liegen.*

Endmoränen

Während die Grundmoränen das eiszeitlich geformte Land überall mit einer geschlossenen Decke überziehen, besitzen Endmoränen auf Rügen eine viel geringere Verbreitung. Sie fallen aber im Landschaftsbild wesentlich stärker auf, weil sie lang gestreckte Hügelzüge bilden. Deren girlandenförmiger Verlauf zeichnet die Lage des einstigen Eisrandes während einer Stillstandsphase beim Abschmelzen nach. Dieses Abschmelzen (Rückschmelzen) des Eises war kein gleichmäßiger Vorgang. Es gab Zeiten, in denen der Rand des Inlandeises weder vorrückte noch zurückging. Zu solchen Situationen kam es, wenn am Eisrand ebenso viel abschmolz wie vom Norden her vorgeschoben wurde. Dann häufte sich das mitgeschleppte und hier ausgeschmolzene Lockermaterial vor der Front des Inlandeises zu Hügelketten an. Einige dieser „Rückzugsstaffeln“ durchziehen auch die Insel Rügen.
Endmoränen wie das Gebiet der Granitz oder der Dornbusch auf Hiddensee bestehen aus verschiedenartigen eiszeitlichen Ablagerungen. In diesen Hügeln gibt es neben Blockpackungen aus Geschieben vor allen Dingen Schmelzwasserkies und -sand. Außerdem findet man Geschiebemergel und sogar Schreibkreide. Diese Ablagerungen wurden durch Eisdruck aus dem Untergrund in die Endmoräne hineingequetscht. So bildete sich das chaotisch anmutende Durcheinander unterschiedlichster Ablagerungen, wie sie heute stellenweise an den Kliffen von Rügen und Hiddensee zu sehen ist.

◀ *Steilufer aus Schmelzwassersand am Göhrener Südstrand – Die beim Abschmelzen des Inlandeises abgelagerten Sande sind von großer Bedeutung. Aus ihnen baute und baut das Meer die Sandhaken und Nehrungen, ohne deren weite Strände die Insel Rügen kaum vorstellbar ist.*

Stauchungsgebiete

Manchmal übte das vordringende Inlandeis einen so gewaltigen Druck auf den Untergrund aus, dass es zu Stauchungen von riesigem Ausmaß kam. Zu diesen kräftig gestauchten Gebieten zählt die Halbinsel Jasmund. Dort wurden gegen Ende der letzten Vereisung bei einem finalen Eisvorstoß gewaltige Schreibkreidekomplexe dachziegelartig übereinander geschoben. Dabei gelangten sogar eiszeitliche Ablagerungen zwischen die Kreide – ein Phänomen, das an den Steilufern der Kreideküste auf Jasmund beobachtet werden kann.
In den Endmoränen- und Stauchungsgebieten besitzt die Rügenlandschaft ein so bewegtes Relief, dass sie sich kaum für eine landwirtschaftliche Nutzung eignet. Daher tragen diese Höhenrücken, wie beispielsweise Granitz und Stubnitz, meist dichte Laubwälder. Hier blieb auch der ursprüngliche Formenschatz der Landschaft erhalten.

Eiszeitfinale

Im Gebiet der Insel Rügen hielt sich das Eis am längsten im heutigen deutschen Küstengebiet. Deshalb sind hier die Grundformen der Landschaft auch jünger und „frischer“ als an den meisten anderen Stellen Deutschlands. Vor etwa 12 000 Jahren war das heutige vorpommersche Küstengebiet endgültig eisfrei. In dem inzwischen wesentlich milderen Klima begann der Dauerfrostboden zu tauen, die Landschaft überzog sich rasch mit einer Pflanzendecke. Vor etwa 10 000 Jahren wuchsen schon die ersten Birken in der Tundra. Die steinzeitlichen Jäger und Sammler jagten hier Rentiere.

◀ *„Boten aus dem Norden" am Granitzer Ort – Diese großen Geschiebe („Findlinge") brachte das Inlandeis aus Skandinavien mit. Das Meer hat sie aus dem Steilufer herausgewaschen. Nur an wenigen anderen Stellen auf Rügen liegen zentner- bis tonnenschwere Geschiebe so dicht wie an dieser Stelle zwischen Binz und Sellin.*

▲ *Der „Söbensniedersteen" (Siebenschneiderstein) am Gellort – Dieser gewaltige Findling, mit einem Volumen von 61 Kubikmetern und einem Gewicht von 165 Tonnen der viertgrößte auf Rügen, markiert den nördlichsten Punkt der Insel, der etwa einen Kilometer nordwestlich von Kap Arkona liegt.*

▲ *Endmoränenlandschaft – Dieser Blick vom Jagdschloss Granitz in Richtung Putbus zeigt die waldreiche Hügellandschaft des Granitzgebietes. Sowohl Relief als auch Böden sind hier nur wenig attraktiv für eine landwirtschaftliche Nutzung – deshalb wächst hier Wald.*

▶ *Grundmoränenlandschaft – Die schweren Lehmböden der flachwelligen Grundmoräne, hier auf der Halbinsel Zudar, versprechen höchste Erträge. Daher gibt es in solchen Gebieten auf Rügen schon seit Jahrhunderten keinen Wald, sondern nur ausgedehnte Äcker.*

WIE RÜGEN ZUR INSEL WURDE

Meeresspiegelanstieg und Überflutung

Nach der Eiszeit, als die Eismassen endlich geschmolzen und die Schmelzwasserströme versiegt waren, folgte eine fast fünf Jahrtausende währende Festlandszeit, in der das rügensche Gebiet fern von Meer und Küste lag. Erst vor etwa 7000 Jahren, als die gesamte Landschaft bereits von dichten Laubwäldern bedeckt war, gab es Anzeichen für ein Heranrücken des Meeres.

Vor den Augen unserer steinzeitlichen Vorfahren stieg der Pegel des Litorinameeres, des Vorläufers unserer Ostsee, rasch und beständig an. Ursache für diesen weltweiten Meeresspiegelanstieg war das Abschmelzen gewaltiger Eismassen. Das Meer begann nun relativ rasch, in alle niedrig gelegenen Areale der zum Teil hügeligen, zum Teil fast ebenen Landschaft des heutigen vorpommerschen Küstengebietes einzudringen. In dieser Zeit der Transgression des Litorinameeres veränderte sich die Küstenlinie rasch und beständig. Erst vor etwa 5000 Jahren erreichte der Pegel des Meeres schließlich sein heutiges Niveau. Seither schwankt er nur geringfügig.

◀ *Westrügensche Boddenlandschaft: Luftbild der Insel Zudar (unten und rechts), der Halbinsel Lieschow (links), dazwischen Varbelvitzer Bodden mit den Inseln Mährens (klein mit Sandhaken) und Liebes (bogenförmig); im Hintergrund Kubitzer Bodden mit Insel Heuwiese, darüber das Festland zwischen Stralsund (links) und Prohn – Beim Eindringen des Meeres in diese völlig flachen Areale entstand eine besonders reich gegliederte, kleinteilige Landschaft. Hier kam später die Küstendynamik nur wenig zur Wirkung. Dafür gab es flächenhafte Verlandungen. Der einstige Verlauf des Ufers ist hier und da zu ahnen. An einigen Stellen im Bild wird er von einem Saum blühender Weißdornsträucher markiert.*

Inselkerne entstehen

Als sich der heutige Meeresspiegel eingestellt hatte, entstand eine Küstenlinie, die sich noch gravierend von der unterschied, wie wir sie kennen. Weil das Wasser auch in jede der kleinen Senken eindrang, die tiefer als dieser Pegel lagen, waren die damaligen Ufer noch wesentlich stärker gegliedert als heute.
Im Südwesten und im Südosten der heutigen Insel Rügen bildeten sich bei der Überflutung weit ins Land greifende Meeresbuchten, die später zum Kubitzer und Greifswalder Bodden wurden. Von dort aus drang das Meer in eine von Schmelzwässern geformte lang gestreckte schmale Senke ein. Auf diese Weise entstand der Strelasund. Damit wurde das große, buchtenreiche rügensche Kernland (Muttland und Granitzgebiet) zur Insel. Rügens großer zentraler Inselkern war entstanden. Umgeben war er von einem Kranz anderer Inseln – von Inselkernen sehr unterschiedlicher Form und Größe. Die heutigen Halbinseln Wittow und Jasmund lagen als große isolierte Eilande nördlich davon. Der westlich gelegene Dornbusch ragte als hohe Insel aus dem Meer und besaß damals mindestens die doppelte Größe. Auch Ummanz war bereits Insel. In der tiefen

Bucht zwischen Jasmund und der damaligen Halbinsel Granitz brandete das Meer gegen die Ufer dreier kleiner Inseln – Pulitz, Thiessow und Buhlitz. Einen regelrechten Archipel gab es im heutigen Gebiet von Mönchgut: Die Hügelzüge von Göhren/Alt Reddevitz, Lobbe, Groß Zicker, Klein Zicker und Thiessow waren damals noch voneinander getrennte Inseln. Daneben existierte eine Reihe noch kleinerer Inselkerne, von denen manche heute verschwunden sind.

Beginn der Küstendynamik

An allen Ufersäumen dieser Inselkerne waren beim unaufhaltsamen Vordringen des Meeres aktive Steilufer entstanden, an denen das Wasser nun beständig arbeitete. Was damals noch fehlte, waren die vielen flachen, sandigen Areale, die es heute auf Rügen gibt. Aber das Meer begann alsbald damit, sie aufzubauen. Durch die Gewalt der anstürmenden Wellen wurden Lockermassen von den Steilküsten abgetragen, parallel zu den Ufern transportiert und an ruhigen Stellen wieder aufgeschüttet. Diese überall wirkende Küstendynamik, die im nächsten Kapitel näher beschrieben wird, schuf auch auf Rügen neue Landschaftselemente: Seesandebenen, flache Sandhaken mit breiten Stränden und Dünen. Aus manchen Sandhaken entwickelten sich später Nehrungen wie Schaabe, Schmale Heide oder Großer Strand. Durch sie wurden im Laufe der Zeit die einstigen Inseln zu jenem vielfältigen Ganzen verbunden, das wir heute Insel Rügen nennen. Aus den einstigen Buchten zwischen den Inseln oder Halbinseln entwickelten sich die Bodden.

◄ *Das Meer formt seine Küste: Steilufer auf Klein Zicker (Mönchgut) – Bereits beim Anstieg des Meeresspiegels arbeitete das Wasser an den Ufern. Dabei schob sich die Küstenlinie beständig gegen das Land vor, ohne dass markante Kliffe entstanden. Als der heutige Meeresspiegel erreicht war, bildeten sich rings um die neuen Inselkerne aktive Steilufer. Diese waren anfangs überall niedrig und wichen vielerorts rasch zurück. Dort, wo das Gelände landeinwärts anstieg, wurden sie beim fortschreitendem Küstenrückversatz aber immer höher. An exponierten Stellen der Außenküste hat die See das Ufer in den vergangenen 5000 Jahren um mehr als einen Kilometer zurückgeschnitten.*

► *Kliff am Gelben Ufer auf der Halbinsel Zudar – Wie ein Depot von Baustoffen erscheint dieses Steilufer aus Schmelzwassersand und -kies. Tatsächlich trägt das Wasser an solchen Stellen Lockermaterial ab, transportiert es parallel zum Ufer und baut an anderer Stelle daraus Sandhaken, Nehrungen oder Höftländer auf – seit über 5000 Jahren.*

▲ *Der Strelasund: Luftbild aus Höhe der Halbinsel Drigge, Blick nach Südosten – Beim nacheiszeitlichen Anstieg des Meeresspiegels wurde auch ein flaches Urstromtal überflutet, in das sich vorher ein kleiner Fluss eingegraben hatte. Auf diese Weise entstand der Strelasund, der Rügen zur Insel werden ließ.*

▶ *Fossiles Kliff im Jungfernholz auf Liddow – Viele der anfangs aktiven Steilufer gelangten später aus der Angriffszone des Meeres. Diese Kliffe sind heute meist bewachsen, zeigen aber noch immer den steilen Hang aus der vier oder fünf Jahrtausende zurückliegenden Zeit, in der das Wasser an ihnen arbeitete.*

DYNAMIK DER INSELKÜSTEN

Beständiger Landschaftswandel

Seit der Entstehung der Insel Rügen veränderten sich ihre Ufer beständig. Unablässig und unaufhaltsam arbeitete das Meer an der Küste, besonders intensiv bei Sturmfluten. Davon gab es allein im vergangenen Jahrtausend mehr als 80.
Im Laufe der Zeit wurden die Inselkerne stetig kleiner. An ihren Außenküsten wichen die Steilufer in den vergangenen 5000 Jahren auf langen Strecken weit über 1000 Meter, an einigen Stellen um mehr als 2500 Meter zurück. Gleichzeitig wuchsen kilometerlange Sandhaken und Nehrungen. Dieser auch heute noch wirkenden Küstendynamik verdankt die Insel ihre landschaftliche Vielfalt.

Die Steilufer der rügenschen Inselkerne bestehen aus Geschiebemergel und -lehm, Schmelzwassersand sowie Schreibkreide – also aus weichen oder sogar lockeren Gesteinen. Während der lockere Schmelzwassersand den anstürmenden Wellen kaum Widerstand entgegensetzt, zeigen sich Geschiebelehm und Schreibkreide standfester. Hier haben Ostsee oder Bodden erst dann leichtes Spiel, wenn Niederschläge und Frost die Steilufer zermürben.

Zerstörung und Abtragung

Werden die Kliffe in der kälteren Zeit des Jahres von lang anhaltendem Regen oder bei der Schneeschmelze stark durchfeuchtet, so kommt es oft zu Rutschungen. Besonders intensiv ist die Zerstörung, wenn Frost in die durchfeuchteten Steilufer eindringt und das Gestein regelrecht auseinander sprengt. Die somit entstandenen Abbrüche hindern manchmal im zeitigen Frühjahr den Strandwanderer am Vorwärtskommen. Durch Rutschungen und Abbrüche (deren Dimension manchmal sogar für Schlagzeilen sorgt) gelangen Jahr für Jahr – in unterschiedlichem Maße – Lockermassen auf die Strände. Oft trägt sie das Wasser bereits bei den ersten Frühlingsstürmen mit sich davon. An anderer Stelle braucht es dafür einige Jahre. Zurück bleibt nur das, was es nicht zu tragen vermag: verschiedenartige Gesteinsbrocken unterschiedlicher Größe – bis hin zum gewaltigen Findling. Sie bilden einen Geröllstrand, der aus Geschieben, vor den Kreidesteilufern aber hauptsächlich aus Feuerstein besteht.

◀ Uferabbruch am Dornbusch auf Hiddensee – Bei der Zerstörung der Steilufer wirken hauptsächlich Niederschläge und Frost. Ein stark durchfeuchtetes Kliff verliert seine Stabilität und wird bei Frost regelrecht gesprengt. Man spricht daher auch von Frostsprengung, die so wirken kann wie hier am Enddorn. An anderer Stelle kommt es dadurch zu gewaltigen Rutschungen. Die auf den Strand gestürzten oder gerutschten Lockermassen werden dann vom Wasser aufgearbeitet, die feineren Bestandteile weggespült.

Transport

Bei Sturm schlämmt das Wasser die durch Rutschungen oder Abbrüche entstandenen

Lockermassen auf und trägt sie mit sich davon. Beim Transport werden so feine Bestandteile wie Ton- und Kalkpartikelchen als feine Trübe meist weit ins Meer hinausgetragen. Sie bilden die Hauptmasse des abgetragenen Materials und gehen der Küste auf Dauer verloren. Sand und Kies wandern dagegen mit der küstenparallelen Strömung längs der Ufer; bei schwerem Sturm sogar Gerölle.

Ablagerung

Dort, wo das Wasser an Transportkraft verliert, kommt das transportierte Lockermaterial wieder zur Ablagerung – direkt am Strand oder auf Sandriffen im vorgelagerten Flachwasser. Ein Sturm kann Sand, Kies oder auch feineres Geröll sogar in eine Bucht hineintragen und dort auf Untiefen auswerfen. Eine schwere Sturmflut bringt meist alles wieder in Bewegung und schüttet schließlich auf Hochwasserniveau einen schmalen, lang gestreckten Wall aus Sand, Kies und Geröll auf. Jede Sturmflut kann einen solchen Strandwall hinterlassen. Im Laufe der Zeit legt sich ein Strandwall vor den anderen. So entsteht ein in die Länge wachsender Strandwallfächer, aus dem sich ein manchmal viele Kilometer langer Sandhaken entwickeln kann. Wenn sich zwei gegeneinander wachsende Sandhaken verbinden, bildet sich schließlich eine Nehrung, die eine Bucht abschnürt.

Küstenschutz

Küstendynamik ist ein immer währender Prozess. Einerseits profitiert der Mensch davon, denn nur dadurch bleiben beispielsweise die herrlichen Sandstrände der Insel immer „frisch". Andererseits muss er zusehen, wie Land verloren geht. An manchen Stellen hat man deshalb bereits in die natürliche Entwicklung der Küste eingegriffen. Uferschutzmauern und Deckwerke sollen bestimmte Abschnitte an der Steilküste vor Abtragung schützen, Buhnenfelder den Sandtransport längs der Flachküsten einschränken. Nicht immer zeigen solche Küstenschutz-Bauwerke das gewünschte Ergebnis. Manchmal wirkt dann die Küstendynamik in einem anderen sensiblen Abschnitt umso intensiver. Auf diese Weise verschwanden an einigen Stellen einstmals breite Sandstrände, sodass man nun gezwungen ist, diese Uferabschnitte durch Sandaufspülung künstlich zu „ernähren". Lebensnotwendig sind die auf langen Strecken an der Flachküste sowohl seeseitig als auch boddenseitig errichteten Schutzdeiche. Sie verhindern bei Hochwasser die Überflutung von Siedlungen und Nutzflächen, greifen aber kaum in die natürliche Küstendynamik ein.

▶ *Der Dornbusch-Inselkern (oben links) und die Sandhaken Alter Bessin (links) und Neuer Bessin (rechts) auf Hiddensee, Mai 2008 – Das Luftbild zeigt die Wirkung der Küstendynamik im Norden der Insel Hiddensee in besonderer Deutlichkeit. Der vom Dornbuschkliff abgetragene Sand wird bei westlichen Winden von der Strömung um die Landspitze des Enddorns herum und weiter parallel zum Strand des Neuen Bessin transportiert. Im ruhigeren Flachwasser der ausgedehnten Bessinschen Schaar, die hier bei Niedrigwasser großflächig trocken gelaufen ist, kommt er zur Ablagerung. Aus diesem Material baut das Meer beim Sturmhochwasser neues Land – Sandhaken wie den Alten und Neuen Bessin.*

Den Alten Bessin gab es bereits im Mittelalter. Der Neue Bessin entstand im vergangenen Jahrhundert. Er wuchs durchschnittlich um 35 Meter pro Jahr und zeigt heute eine frisch gewachsene Spitze. Wie die Entwicklung in diesem besonders interessanten, vom Menschen kaum beeinflussten Areal im Nationalpark Vorpommersche Boddenküste weitergeht, wird sich nach dem nächsten schweren Sturmhochwasser zeigen.

◀ *Kreideausbruch – Im April 1981 ereignete sich nördlich und südlich der Ernst-Moritz-Arndt-Sicht an der Kreideküste auf Jasmund dieser gewaltige Ausbruch, bei dem mehr als 100 000 Kubikmeter Kreide und Mergel bis zu 100 Meter weit ins Meer rutschten. Erst nach einigen Jahren hatte das Meer diese voluminösen Abbruchmassen völlig aufgearbeitet.*

▲ *Wissower Klinken – Die markanten Kreideklippen waren länger als zwei Jahrhunderte ein Wahrzeichen der rügenschen Kreideküste. Im Februar 2005 stürzte die Zinne auf den Strand – links der Zustand im April 1997, rechts im April 2005. Die Buche auf der Ernst-Moritz-Arndt-Sicht gelangte beim Ausbruch von 1981 in ihre abenteuerliche Position, die sie seither behauptet.*

▲ *„Kreidemeer" nach einem Wintersturm – Tausende Tonnen Schreibkreide, die der winterliche Frost aus den Steilufern gesprengt hatte, wurden von den anstürmenden Wellen aufgeschlämmt und ins Meer gespült. Die so entstandene natürliche „Schlämmkreide" trübt kilometerweit die Ostsee vor der Kreideküste und kann mit der Strömung über weite Strecken transportiert werden.*

▶ *Brandung an der Kreideküste bei Hochwasser – Der harte Wellenschlag, mit dem auch Kies und Geröll gegen den Fuß des Steilufers geschleudert werden, wäscht eine Brandungshohlkehle aus. An solchen Stellen verliert das Kreidekliff seine Stabilität. Hier kommt es später zu Abbrüchen, bei denen gelockerte Schreibkreide auf den Strand stürzt und dann vom Wasser weggespült wird.*

▲ *Gelbes Ufer und Gobbiner Haken an der Having bei Neu Reddevitz (östliches Muttland) – An dieser Stelle lässt sich Küstendynamik besonders gut erklären: Das vom Steilufer (links) abgetragene Material wird parallel zum Ufer (also nach rechts) transportiert und dort als Sandhaken abgelagert.*

▶ *Sandhaken am Lobber Ort bei Lobbe (Mönchgut) – Dieser bei schweren Nordoststürmen im Winter 1995/96 entstandene Sandhaken ist längst wieder verschwunden. Sein Sand landete am Großen Strand zwischen Lobbe und Thiessow. Auf diese Weise werden Rügens Badestrände hin und wieder neu „ernährt".*

◀ *Feuersteinfelder auf der Schmalen Heide bei Neu Mukran – Die ausgedehnten Strandwälle an der Wurzel der Schmalen Heide bestehen zum größten Teil aus Feuersteingeröllen. Sie stammen vom Jasmunder Inselkern und wurden hier vor etwa 3500 Jahren bei schweren Stürmen aufgehäuft. Sie sind stellenweise mehrere Meter mächtig. Die Feuersteinfelder zählen zu den eindrucksvollsten Zeugnissen der Küstendynamik auf Rügen.*

▲ *Die Schaabe, Rügens größte Nehrung – Im kühnen Bogen schwingt sich dieses Bauwerk des Meeres, eine Konstruktion aus gegeneinander gewachsenen Sandhaken, von Jasmund nach Wittow (im Hintergrund). Durch diese Nehrung wurde eine tiefe Bucht des Meeres zum Großen Jasmunder Bodden (links). Die Schaabe ist heute mit Dünenkiefernwald bedeckt. Ihr bogenförmiger Außenstrand zählt zu Rügens besten Badestränden.*

Villa Granitz

MENSCH UND LANDSCHAFT

Kulturlandschaft Rügen

Als vor etwa 10 000 Jahren die ersten Menschen das Gebiet durchstreiften, gab es in einer seenreichen, flachen Landschaft arktische Birkenwälder. Vom Meer war weit und breit noch nichts zu ahnen. Später, als hier dichte Eichenwälder wuchsen, vollzogen sich unter den Augen unserer Vorfahren die Überflutung des flachen Küstengebietes und die Entstehung der Insel Rügen. Als der Mensch schließlich begann, sesshaft zu werden, rodete er Wald und baute die ersten Siedlungen.

Bald entwickelte sich der Mensch zur wichtigsten landschaftsgestaltenden Kraft. Er veränderte das Gesicht der Insel und schuf auf dem einstigen Urwald-, Sumpf- und Heideland neue Vielfalt – eine Kulturlandschaft. Um Ackerbau zu betreiben, wurden die Wälder großflächig gerodet. Die schweren, fruchtbaren Böden garantierten beste Erträge. So gab es bereits im späten Mittelalter auf Rügen kaum noch größere geschlossene Waldbestände. (Die heutigen Waldgebiete von Stubnitz und Granitz sind weitgehend das Ergebnis zielgerichteter Forstwirtschaft der vergangenen zwei Jahrhunderte.) An anderer Stelle entwässerte man Sümpfe und bepflanzte Dünenheiden mit Bäumen; Deiche zum Hochwasserschutz wurden errichtet, Kreide abgebaut. Und natürlich entstanden auch Dörfer, kleine Städte, Häfen, Verkehrswege … Trotz dieser gravierenden Eingriffe blieb die Landschaft aber fast überall abwechslungsreich und anziehend – so wie es die Rügenbilder von Landschaftsmalern früherer Zeiten zeigen und wie man es heute beispielsweise noch auf Mönchgut sehen kann.

◄ *Erholungslandschaft auf Rügen: Blick vom Ostseebad Göhren über die Baaber Heide nach Baabe und Sellin – Solche Ansichten sind einzigartig an der deutschen Küste.*

Harte Kontraste

Im späten 18. und im 19. Jahrhundert wurde die Landschaft vielerorts durch die Anlage von Alleen und Gutsparks bewusst bereichert. Erst in den vergangenen Jahrzehnten verlor sie stellenweise jene Vielfalt, die der Mensch im Laufe von Jahrhunderten durch nachhaltige Nutzung gestaltet hatte. Besonders im Südwestteil der Insel zeigen sich, ähnlich wie auf anderen Ostseeinseln mit fruchtbaren Mergelböden, die Folgen einer intensiven Landwirtschaft. Doch mehr noch als auf den anderen Inseln hat man auf Rügen durch diese intensive Bewirtschaftung und die damit verbundene Flurbereinigung den Charakter der Landschaft verändert. Im Zuge einer staatlich verordneten „Industrialisierung der Landwirtschaft“ kam es in DDR-Zeiten zu großräumigen und oft sinnlosen Eingriffen. An einigen Stellen vergrößerte man die Schläge in einem solchen Maß, dass regelrechte „Kultursteppen“ entstanden. Die nach der Wende tätigen Landwirtschaftsbetriebe haben diesen Zustand leider eher perfektioniert als gemildert. So bietet die Insel heute, als Ganzes betrachtet, ein recht dubioses Bild: hier einmalig schöne, vielfältige Landschaften, da weiträumige Ackergegenden.

▲ *Marktplatz von Putbus – Das Städtchen Putbus wurde erst 1808 gegründet, nach genauem Gesamtplan im klassizistischen Stil angelegt und mit seinem herrlichen Park in ein wald- und gewässerreiches Umfeld eingebunden. Rügens „weiße Stadt“ – heute leider ohne sein 1960 sinnlos zerstörtes Schloss – ist eine wahre Perle in der Rügenlandschaft.*

▶ *Gutshaus und Park in Boldevitz – Romantische Gutshäuser und bemerkenswerte ländliche Parkanlagen bereichern an vielen Stellen das Landschaftsbild der Insel Rügen. Das meiste davon war jahrzehntelang verfallen oder verwahrlost. Vieles ist in den vergangenen zwei Jahrzehnten wunderschön wiedererstanden – so wie Boldevitz. Manches liegt noch im Argen.*

▲ *Hügelgrab „Der Himmel" bei Silmenitz unweit von Garz – Hügelgräber aus der Bronzezeit und Großsteingräber aus der Steinzeit sind die ältesten Bauwerke des Menschen, die auf Rügen erhalten blieben. Man findet sie an einigen Stellen in der Landschaft.*

▶ *Blick nach Putbus – Ein ähnliches Bild wie die kleine Stadt im Hintergrund zeigen auch viele andere Ortschaften auf Rügen: Das hoch gewachsene Grün verdeckt viele Gebäude, auf die man noch vor wenigen Jahrzehnten aus der Ferne einen freien Blick hatte.*

◀ *Lindenallee zwischen Garz und Kasnevitz – Besonders das östliche Rügen ist bekannt für seine vielfältigen Alleen, die das Landschaftsbild bestimmen. Auf dieser Allee aus Krimlinden fährt man im Sommer wie durch einen grünen Tunnel.*

▲ *Dorfkirche in Kasnevitz – Nur hier und da entdeckt man auf Rügen solche idyllischen Dorfbilder. Große Bauerndörfer waren seit jeher selten auf Rügen. Hier dominierten früher in den ländlichen Bereichen die großen Güter und deren Vorwerke.*

▲ *Alte Kreidebrüche bei Gummanz – In diesen bereits zum Teil bewachsenen Gruben wurde früher Kreide abgebaut und vor Ort geschlämmt. Im Kreidemuseum von Gummanz (die Gebäude links) erfährt man alles über die Rügener Schreibkreide und ihre Verwendung.*

▶ *Der „Kleine Königsstuhl" im alten Kreidebruch am Kreidemuseum in Gummanz.*

▶▶ *Feldlandschaft bei Altefähr – Auch auf Rügen hat das 21. Jahrhundert mit seinen die Landschaft dominierenden Windkraftanlagen seinen Einzug gehalten.*

GESCHÜTZTE LANDSCHAFT

Bewahrung der Vielfalt

Auf Rügen und den umliegenden Inseln blieb, neben den Gebieten mit sehr intensiver Nutzung, in weiten Arealen die bemerkenswerte Landschaft bewahrt – so wie sie dieses Buch zeigt. Sie zählt zu den interessantesten und wertvollsten Naturräumen an der deutschen Küste und zieht immer mehr Menschen in ihren Bann. Um die Vielfalt und Schönheit dieser Landschaft auf Dauer zu bewahren, schuf man zahlreiche Schutzgebiete.

Dieser unbedingt notwendige Schutz lässt an vielen Stellen eine verträgliche touristische Nutzung zu. Schließlich haben die Besucher der Insel auch Anspruch darauf, Natur und Landschaft zu erleben. Dabei tragen sie aber gleichzeitig mit an der großen Verantwortung, dass hier Schönheit wie Vielfalt erhalten und für künftige Generationen erlebbar bleiben.

Nationalpark Jasmund

Natürlich zieht es die meisten Rügentouristen zuerst an die Kreideküste und in den Stubnitzwald auf der Halbinsel Jasmund. Diese Landschaften gehören zu den größten Werten unserer deutschen Heimat. Königsstuhl und Stubbenkammer zählen zu den am meisten besuchten Ausflugszielen in Deutschland. Mit dem Nationalpark Jasmund erhielt dieses Gebiet im Jahre 1990 einen angemessenen Schutz, durch den dieses Kleinod erhalten werden soll. Für den Besuch des Nationalparks gelten daher strenge Regeln. Trotzdem hat der Besucher zahlreiche Möglichkeiten, die vielfältige Natur und Landschaft selbst zu entdecken und zu erleben.

◄ *Nationalpark Jasmund – Die Kreideküste (hier am „Hengst" unweit von Sassnitz) und der angrenzende Stubnitzwald stehen heute als Nationalpark unter besonderem Schutz. Diese Landschaft zählt zu den wertvollsten Naturräumen Deutschlands.*

Nationalpark Vorpommersche Boddenlandschaft

Große Land- und Wasserflächen im westlichen Teil der vorpommerschen Boddenküste mit Westrügen und Hiddensee stehen als Nationalpark Vorpommersche Boddenlandschaft unter strengem Schutz – eingeschlossen einige Vogelschutzinseln und die Rastplätze der Kraniche. Manche Gebiete innerhalb dieses Nationalparks darf man nicht betreten bzw. mit dem Boot befahren. Es sind hauptsächlich die Brut- und Ruhezonen zahlreicher Seevögel.

Biosphärenreservat Südost-Rügen

Das Biosphärenreservat Südost-Rügen umfasst die nördliche Umrandung des Greifswalder Boddens, das waldreiche Granitzgebiet, die vielgestaltige Halbinsel Mönchgut und die Insel Vilm. In diesem Schutzgebiet soll der besondere Charakter einer einzigartigen Kulturlandschaft gewahrt bleiben.

Naturschutzgebiete

Zahlreiche Naturschutzgebiete sichern auf Rügen andere wertvolle Naturbereiche – beispielsweise Kap Arkona, die Feuersteinfelder der Schmalen Heide bei Mukran oder die Insel Pulitz im Kleinen Jasmunder Bodden. Außerdem gibt es die Landschaftsschutzgebiete Ostrügen und Mittlerer Strelasund. Weiträumige Wasser- und Uferflächen von Greifswalder Bodden und Strelasund haben den Status eines Europäischen Vogelschutzgebietes und stellen wichtige Rastgebiete für Wasservögel dar. Auch für die nicht ausdrücklich geschützten Regionen gelten Naturschutzbestimmungen, die beispielsweise den Bootsverkehr und das Angeln detailliert regeln – besonders für die zahlreichen kleinen Nebengewässer.

▲ *Winterweide auf dem Großen Zicker (Mönchgut) – Die Trockenrasenhügel der Halbinsel Groß Zicker sind eine uralte Hudelandschaft – ein Gebiet, das über Jahrhunderte intensiv beweidet wurde. Durch diese Nutzung konnten sich hier besonders artenreiche Pflanzen- und Kleintiergemeinschaften entwicklen. Um sie zu bewahren, darf die ursprüngliche Nutzung nicht geändert, eingeschränkt oder gar eingestellt werden. Deshalb grasen die Schafe hier im Biosphärenreservat weiter – häufig sogar im Winter.*

▶ *Roggenfeld auf dem Großen Zicker (Mönchgut) – Die wunderschöne Halbinsel Mönchgut ist keine ursprüngliche Natur, sondern eine durch nachhaltige Nutzung entstandene Kulturlandschaft. Das Biosphärenreservat Südost-Rügen, zu dem Mönchgut gehört, soll die durch menschliches Wirken entstandene Vielfalt und Schönheit erhalten. Dazu gehören auch der Ackerbau auf „Grenzertragsböden“ und der Verzicht auf Kunstdünger und Pflanzenschutzmittel.*

▲ *Salzwiesen am Koselower See auf Ummanz – Diese Verlandungszone mit ihren Wiesenprielen liegt in der Kernzone des Nationalparks Vorpommersche Boddenlandschaft und ist ein wichtiges Brut- und Rastgebiet für Seevögel. Im Herbst übernachten in den Flachwasserarealen zeitweilig tausende Kraniche.*

▶ *Nationalpark Vorpommersche Boddenlandschaft – Blick vom Dornbusch nach Südosten zu den Sandhaken von Bessin und Bug.*

▶▶ *Biosphärenreservat Südost-Rügen – Blick vom Lesingberg bei Seedorf nach Norden über den Neuensiener See zur Granitz.*

RÜGEN ERLEBEN

Urlaubs- und Freizeitlandschaft

Außenküste und Boddenufer, Halbinseln und Buchten, Steilufer und Sandstrände, Laub- und Kiefernwälder, Trockenrasenhügel und Schilfdickichte – wer die ganze landschaftliche Vielfalt und Schönheit der großen Insel entdecken und erleben möchte, für den gibt es großartige Möglichkeiten. Naturfreunde, Fuß-, Rad- und Wasserwanderer finden auf und um die vielgestaltige Insel zahlreiche interessante Wege. Ausflugsschiffe fahren nach Hiddensee, über die Bodden oder zur Kreideküste …

Die weiten, weißen Sandstrände auf Rügen und Hiddensee gehören zu den schönsten Badestränden an der Ostsee. Sie locken natürlich die meisten Sommerurlauber auf die Inseln. Außerhalb der Sommersaison sind diese Strände bei Spaziergängern und Wanderern ungemein beliebt. Man trifft sie hier zu jeder Jahreszeit, bei jedem Wetter. Nach Stürmen wird am Spülsaum gern nach Bernstein gesucht. Im Hinterland mancher Strände führen schattige Wanderwege durch pilzreiche Dünenkiefernwälder zum Bodden.

Außenküste

Auf zahlreiche Freunde der Insellandschaft üben die Steilufer an den Außenküsten von Wittow, Jasmund, Südostrügen und auf Hiddensee einen besonderen Reiz aus. Hier gibt es Hochuferwege, wie beispielsweise den von Sassnitz zum Königsstuhl, die dem Wanderer an einigen Stellen fantastische Aussichten auf die vielfältigen Kliffe und weit übers Meer bieten, an anderen durch abwechslungsreiche Laubwälder führen. Die Geröllstrände längs dieser Steilufer sind besonders bei den Sammlern von Gesteinen und Fossilien sehr beliebt – da gibt es versteinerte Seeigel, Donnerkeile, Hühnergötter und vieles andere zu finden.

◄ *Spätherbstwanderung auf der Schaabe – Meer und Küste auf Rügen bei solchem Wetter zu erleben gilt bei Naturfreunden als unvergleichlicher Höhepunkt.*

Boddenufer

Rügens Binnenküste, also die abwechslungsreichen Boddenufer, bildet in vielfacher Hinsicht einen Gegenpol zu den betriebsamen Stränden und den spektakulären Steilufern der Außenküste. Viele Freunde der Insel Rügen haben die reich gegliederten Ufer dieser ruhigeren Gewässer mit ihren wertvollen Naturräumen längst für sich entdeckt. An den meisten Bodden und in deren Hinterland gibt es – besonders auf Nord- und Ostrügen, auf Mönchgut, am Strelasund sowie auf Hiddensee – zahlreiche Wanderwege und -ziele. Gerade hier, abseits der belebten Straßen, finden auch Radfahrer viele Möglichkeiten für interessante Touren. Und diejenigen, die Rügens Boddenküste vom Wasser aus erkunden möchten, entdecken auch zahlreiche kleine, teilweise idyllische Häfen.

Landschaften und Jahreszeiten

Wer die Insellandschaft so erleben möchte, wie sie die Fotos in diesem Buch zeigen, wird dafür wahrscheinlich ebenso lange Zeit brauchen wie der Autor – viele, viele Jahre. Und er sollte Rügen zu jeder Jahreszeit besuchen und bei jedem Wetter erkunden. Frühling und Herbst sind von vielen Naturfreunden bevorzugte Jahreszeiten. Besonders schön zeigt sich die Insel im Frühling, der hier allerdings meist deutlich später als anderswo seinen Einzug hält – etwa zwei bis drei Wochen später als in Süddeutschland. Grund dafür ist die Ostsee, die sich wesentlich langsamer erwärmt als die Luft. Dafür wird es im Herbst nicht so schnell kalt, sodass man sich an der Farbenpracht der Laubwälder oft bis weit in den November hinein erfreuen kann. Die Rügensche Küstenlandschaft bei Schnee, Eis und Sonnenschein zu durchwandern ist ein ganz besonderes Naturerlebnis. Leider sind Schneewinter gegenwärtig recht selten.

▲ *Badefreuden am Binzer Strand – Die vielen schönen Strände auf Rügen sind natürlich das bevorzugte Ziel der Sommerurlauber. Die meisten von ihnen schätzen aber auch die ausgesprochen schöne und abwechslungsreiche Landschaft rings um die Ostseebäder der Insel. An den Stränden und durch die ausgedehnten Wälder zu wandern oder Fahrradtouren ins Hinterland zu unternehmen ist nicht nur an Tagen ohne „Strandwetter“ beliebt.*

▶ *Winterspaziergang am Binzer Strand – Der Winterurlaub auf Rügen ist sehr attraktiv geworden. Auch dank der hervorragenden Unterkünfte zieht es immer mehr Freunde der Insel in dieser Jahreszeit hierher. Eis und Schnee, welche die Insellandschaft so verzaubern, wie es einige Fotos in diesem Buch zeigen, sind natürlich auch auf Rügen im Winter keine Selbstverständlichkeit.*

▶▶ *Ausflugsschiff vor der Sassnitzer Mole – Schiffsausflüge zur Kreideküste, nach Hiddensee oder auf dem Greifswalder Bodden gehören zum festen Programm vieler Rügenurlauber. Dabei lernt man die Landschaft aus einem ganz anderen Blickwinkel kennen und erhält dazu interessante Informationen.*

NORDWIND

HALBINSEL WITTOW

mit Kap Arkona, Bug und Schaabe

Die nördlichste Halbinsel Rügen ist recht einfach strukturiert: Eine weite, großflächige Feldmark steigt sanft nach Norden hin an, bricht dort steil ab und bildet ein markantes Kliff. Die nahezu tischebene Halbinsel besitzt überall an ihrer Außenküste hohe, steile Ufer. An dieser Steilküste liegen Wittows landschaftlich interessanteste Areale. Von dort stammt auch das Material für zwei gewaltige Bauwerke des Meeres, die ihre Wurzeln an der Halbinsel haben: Bug und Schaabe.

Ungehindert stürmen die Winde über die weiten, flachen Felder der Halbinsel, die gern als das „Windland" der Insel Rügen bezeichnet wird. Wittows landschaftlicher Höhepunkt ist auch wirklich höchster Punkt der Halbinsel: Kap Arkona mit seinem rund 40 Meter hohen Steilufer aus Schreibkreide und Geschiebemergel.

Kap Arkona

Auf dem markanten Sporn liegt der beeindruckende Rest der einst viel größeren Wallanlage einer uralten Tempelburg, der Jaromarsburg, in der vor 1000 Jahren das Hauptheiligtum der rügenschen Slawen stand. Durch den Küstenrückgang wurde das Kap seither um rund 300 Meter zurückgeschnitten. Noch heute gibt es hier häufig voluminöse Uferabbrüche. Daher ändert sich auch oft die Ansicht des Landvorsprungs, die von Süden her (von Vitt aus) am meisten beeindruckt. In unmittelbarer Nähe der Wallanlage stehen drei die Landschaft beherrschende Türme: die beiden Leuchttürme und der Peilturm. Wer sie besteigt, hat einen hervorragenden Überblick über Rügens Norden. In der Ferne sind Hiddensee und – bei guter Sicht – sogar die Kreidekliffe der dänischen Insel Møn zu erkennen.

◄ Die Halbinsel Wittow mit Kap Arkona (unten) – Das Luftbild zeigt den Blick nach Südwesten über die ebene Feldlandschaft Wittows zum Wieker Bodden und den gewaltigen Sandhaken des Bug. Darüber ahnt man die Kontur der Insel Hiddensee mit dem Dornbusch. Die Ortschaft vorn ist Putgarten, rechts oben Dranske.

Wittows Nordstrand

Der nördlichste Punkt von Wittow (und damit der ganzen Insel Rügen) ist nicht Kap Arkona, sondern Gellort. Am Strand vor dem einige hundert Meter nordwestlich Arkona gelegenen Vorsprung markiert ein 165 Tonnen schwerer Findling, der „Söbensnierdersteen", das eigentliche Nordkap der Insel. In unmittelbarer Nähe gibt es, als botanische Sehenswürdigkeit, schmale Strandwiesen, die häufig vom Meer überflutet werden und auf denen besondere, „salzholde" Pflanzen wachsen, z. B. Meerkohl.

Die 15 Kilometer lange Steilküste zwischen Gellort und Dranske, der „Wittower Nordstrand“, gehört zu den besonders abwechslungsreichen Uferzonen der Insel Rügen. Während der Strand selbst an einer Stelle breit sandig, an anderer grob steinig erscheint, ist das Steilufer im östlichen Teil durchgehend bewachsen. Je nach Standort gibt es hier hohen Laubwald, dichtes Gesträuch oder artenreiche Grasflächen. Westlich von Möwenort, vom Nordwestwind am stärksten belastet, dominieren dagegen aktive Steilufer aus Geschiebemergel und -lehm. Hier und da ist auch Schmelzwassersand eingelagert, der auf Höhe Kreptitz zur Entstehung von sehenswerten Kliffranddünen („Kreptitzer Heide“) führte.
Der Hochuferweg von Arkona nach Dranske erlaubt viele Blicke auf diesen abwechslungsreichen Nordstrand, verläuft durch den stellenweise wie verwunschen erscheinenden Schwarbewald und durch die Kreptitzer Heide. Intensiver erlebt man den vielfältigen Nordstrand allerdings bei einer Wanderung längs der Wasserlinie.

◀ *Blick von Vitt zum Kap Arkona – Der markante Landvorsprung im Nordosten der Halbinsel Wittow besitzt ein steiles Kliff aus Schreibkreide, Geschiebemergel und Geschiebelehm, an dem es immer wieder größere Abbrüche gibt. Auf diese Weise wird die Fläche der von einem hohen Wall begrenzten ehemaligen Jaromarsburg, die man auch auf den Fotos auf den Seiten 68 und 72 erkennt, immer kleiner. Vor rund 1000 Jahren stand an dieser Stelle der Svantevit-Tempel mit dem Hauptheiligtum der Rügener Slawen. Seither wich das Ufer hier um mindestens 300 Meter zurück. Kap Arkona ist nicht, wie fälschlicherweise oft angenommen wird, der nördlichste Punkt der Insel Rügen. Der liegt etwa einen Kilometer nordwestlich am Gellort.*

Der Bug

Unmittelbar südlich von Dranske beginnt Rügens gewaltigster Sandhaken, der keulenförmige Bug. Hier hat er auch seine schmalste Stelle, die ohne menschliches Zutun längst vom Meer durchbrochen worden wäre. Das sich nach Süden verbreiternde, weitgehend bewaldete Strandwallsystem entstand im Verlauf der vergangenen 6000 Jahre, wächst aber gegenwärtig nicht weiter. Durch den Bug wurde eine Ostseebucht, der heutige Wieker Bodden, vom offenen Meer getrennt. Mit seinem breiten Sandstrand gehört der Bug, auf dem es noch zahlreiche Reste der einstigen militärischen Nutzung gibt, heute zum Nationalpark Vorpommersche Boddenlandschaft. Er kann in seinem südlichen Teil nur im Rahmen geführter Wanderungen erkundet werden.

Die Schaabe

Die größte Nehrung der Insel Rügen verbindet die Inselkerne von Wittow und Jasmund. Ihr fast zehn Kilometer langer, feinsandiger Badestrand ist der längste auf Rügen. Zwischen den Ostseebädern Juliusruh auf Wittow und Glowe auf Jasmund gibt es auf der durchgehend bewaldeten Nehrung, den Forsthof Gelm ausgenommen, keine Bebauung. An manchen Stellen des pilzreichen Dünenkiefernwaldes entdeckt man verlandete Strandseen. Flechten, Moose und Heidekraut bedecken vielerorts den sandigen Waldboden. Der von einem Dünenwall gesäumte Außenstrand ist auch außerhalb der Sommersaison bei Strandgängern sehr beliebt. Weniger begangen, aber ebenso interessant ist der längs des Großen Jasmunder Boddens führende Wanderweg von Breege nach Glowe, der auch den winzigen Inselkern am Gelm berührt.

▲ *Wittower Nordstrand – Westlich vom Gellort ist das hohe Ufer an der Außenküste der Halbinsel Wittow auf längerer Strecke bewaldet.*

◀ *Kap Arkona und die Ostküste der Halbinsel Wittow – Auf diesem Luftbild sind unten Kap Arkona mit seinen beiden Leuchttürmen, der Marinepeilturm und der Wall der Jaromarsburg zu erkennen. Die Häuser des winzigen Fischerortes Vitt verstecken sich links in einer Uferschlucht. Links oben die Schaabe, darüber die nordrügenschen Bodden.*

▶ *Leuchttürme am Kap Arkona – Diese beiden Leuchttürme sind die Wahrzeichen von Kap Arkona: der alte aus dem Jahre 1827, nach Plänen von K. F. Schinkel errichtet (links, nicht mehr in Betrieb), und der neue, 1902 fertig gestellt. Beide können sie bestiegen werden und erlauben eine weite Sicht über den Norden der Insel Rügen, zur Insel Hiddensee und zur Kreidesteilküste der dänischen Insel Møn.*

▲ *Wittower Nordstrand – Das Ufer zwischen Gellort und Möwenort bietet die verschiedensten Aspekte. Vor dem bewaldeten oder bewachsenen Kliff liegt ein unterschiedlich breiter Strand, der an einer Stelle breit sandig, an anderer aber dicht mit Geröll oder sogar großen Geschieben bedeckt sein kann.*

▶ *Kliff vor der Kreptitzer Heide – Dieses Steilufer im westlichen Teil des Wittower Nordufers besteht aus Geschiebelehm und Schmelzwassersand. Durch die windexponierte Lage kam es am Rande des Steilufers zur Bildung von Dünen. Diese Kliffranddünen sind eine landschaftliche Besonderheit und stehen unter Naturschutz.*

◄ *Außenstrand der Schaabe – Der breite Sandstrand vor Rügens längster Nehrung ist hier bei einem Herbststurm teilweise überflutet. Im Sommer zählt er zu den bevorzugten Zielen der Strandurlauber.*

▲ *Boddenufer der Schaabe – Der Dünenkiefernwald der Nehrung reicht an vielen Stellen bis dicht an den Bodden. Vor einem niedrigen Strandwall wächst meist nur ein schmaler Schilfsaum.*

HALBINSEL JASMUND

mit Kreideküste und Stubnitzwald

Im Osten der Halbinsel Jasmund liegt Deutschland höchstes und schönstes Meeresufer – die weithin bekannte Kreideküste mit dem Königsstuhl in der Stubbenkammer. Landeinwärts erstreckt sich der ausgedehnte Stubnitzwald. Beides zusammen steht als Nationalpark Jasmund unter besonderem Schutz. Auch die übrigen Ufersäume von Jasmund – sowohl an der Außenküste als auch an den Bodden – sind reich an landschaftlichen Besonderheiten.

Als Ausgangspunkt für Wanderungen und Schiffsausflüge zur Kreideküste wird meist die am Südhang unter dem Stubnitzwald gelegene Hafen- und Touristenstadt Sassnitz gewählt. Von ihrer langen Hafenmole kann man sich einen guten Überblick über die Stadt und ihr Umfeld verschaffen.

Kreideküste

Zwischen Sassnitz und Lohme erstrecken sich die vielfach gegliederten, sehr abwechslungsreichen Hochufer der Kreideküste mit ihren Höhepunkten Wissower Klinken, Ernst-Moritz-Arndt-Sicht, Hohe Ufer, Kollicker Ort und Stubbenkammer. Beliebtester Wanderweg von Sassnitz zum Königsstuhl ist der Hochuferweg, der durch den Stubnitzwald verläuft und immer wieder überwältigende Ausblicke auf die Kreidekliffe bietet. Bei der anstrengenderen Wanderung auf dem meist grobsteinigen Geröllstrand hat man zwar die fantastischen Hochufer stets vor Augen, kann aber bei hohem Wasserstand zur Umkehr gezwungen werden.

◀ *Königsstuhl (rechts, 117 m hoch) und Victoriasicht – Die beiden höchsten Erhebungen an der deutschen Küste liegen hier in der Stubbenkammer, im Nationalpark Jasmund.*

Stubbenkammer mit Königsstuhl

Als Stubbenkammer wird nur das Areal des Königsstuhls und seiner unmittelbaren Umgebung mit der Victoriasicht bezeichnet. Der 117 Meter hohe Königsstuhl bildet die höchste Erhebung an der gesamten deutschen Küste und gilt als einer ihrer beliebtesten Ausflugsziele. Auf dem markanten Kreidesporn mit seinen fast senkrechten Wänden gibt es eine Aussichtsplattform mit einzigartiger Atmosphäre. Der Blick von der südlich gelegenen Victoria-sicht zeigt dagegen den Königsstuhl in seiner vollen Schönheit. Im nahe gelegenen Nationalpark-Zentrum erfährt man alles Wissenswerte über Natur und Landschaft.

Stubnitzwald

Die markanten Kreidekliffe sind besonders eindrucksvoll durch den sie krönenden prächtigen Buchenhochwald. Dieser Stubnitzwald, meist einfach „Stubnitz“ genannt, bildet Rügens größtes geschlossenes Waldgebiet. Es bedeckt das höchste Areal von Jasmund, das in weiten Teilen höher als 100 Meter liegt und mit dem 161 Meter hohen Piekberg die höchste Erhebung der Insel Rügen besitzt. Die Stubnitz zeigt ein bemerkenswertes Relief mit vielen in Richtung zum Ufer verlaufenden wallartigen „Kämmen" und tiefen Bachtälern. Es gibt kleine Seen und Moore, eine besondere Pflanzenwelt und zahlreiche Möglichkeiten, hier zu wandern.

Hoch-Jasmund

Westlich des Stubnitzwaldes setzt sich der Höhenrücken fort – als wellige Feldmark, die allmählich zu Meer und Bodden hin abfällt. Von manchen Stellen reicht der Blick besonders weit über die vielfältige Rügenlandschaft: nach Süden über das Areal der alten Kreidebrüche zur Prorer Wiek mit dem Fährhafen Sassnitz bis hin zur Granitz, nach Westen über ausgedehnte Äcker nach Bobbin und zum Großen Jasmunder Bodden, nach Nordwesten über die Tromper Wiek zum Kap Arkona. Auch der 56 Meter hohe Tempelberg bei Bobbin, am Westrand der Höhen, direkt an der Hauptstraße gelegen, bietet eine weite Aussicht.

Nordstrand

Ähnlich wie Wittow besitzt auch Jasmund an seinem Nordstrand einen hohen Ufersaum. Das fast zehn Kilometer lange Steilufer zwischen Lohme und dem Königshörn bei Glowe ist in seinem östlichen, höheren Teil durchgehend bewaldet. Ein artenreicher Laubwald, reich an Frühblühern, bedeckt hier die steilen Hänge, an denen es geheimnisvolle Uferschluchten wie Höllgrund und Hellgrund gibt. Weiter westlich, in Richtung Glowe, findet man einige aktive Steilufer, in denen neben eiszeitlichen Ablagerungen auch hier und da Schreibkreide ausgeschlossen ist. Der streckenweise recht schwer begehbare Strand ist fast überall mit Geröll bedeckt. Das Ufer vermittelt an manchen Stellen einen besonders ursprünglichen, ja „wilden" Eindruck.

Boddenufer

Bei Glowe bildet der hohe Moränensporn, den Jasmund zwischen Tromper Wiek und Spyckerschem See nach Westen schickt, die Wurzel der Schaabe. Das Westufer von Jasmund verläuft von dort aus am Großen Jasmunder Bodden zuerst recht flach, mit besonders breitem Röhrichtgürtel in Richtung Lietzow. Drei Kilometer vor Lietzow wird es dann unerwartet hoch, steil und bewaldet – eine der wenigen Stellen an diesem großen Bodden, die ein aktives Steilufer zeigen. In Lietzow führen Straße und Bahnlinie auf einem künstlich aufgeschütteten Damm von Jasmund hinüber zum rügenschen Kernland. Der Kleine Jasmunder Bodden, der das Südufer der Halbinsel bildet, ist nur über eine Schleuse mit dem Großen Jasmunder verbunden. Sein schilfreicher Rand ist weitgehend unwegsam. Dafür gibt es landeinwärts einen besonders schönen Wanderweg durch die Truper Tannen nach Mukran.

▶ *Die Kreideküste aus der Luft – ein faszinierendes Bild: das helle Band der Kreidesteilufer, davor das abwechslungsreiche Blau des Meeres, darüber das dunkle Grün des Stubnitzwaldes. Das Foto zeigt den mittleren Teil des Jasmunder Kreidesteilufers zwischen den Wissower Klinken (ganz links) und dem Kollicker Ort (unten rechts) mit seinem winzigen Leuchtturm. Die Kerbe im mittleren Teil des Steilufers markiert die Mündung des Kieler Baches. Links davon liegen die steilen Wände des Kieler und Fahrnutzer Ufers, rechts davon das Kollicker Ufer. Im Hintergrund liegt die Prorer Wiek. Sassnitz wird vom Stubnitzwald verdeckt.*

▲ *Randeis am Wissower Ufer – Bei einem Nordoststurm hat sich längs des Ufers ein Saum aus Schnee und Eis gebildet, die vom Wasser gegen den Strand getrieben wurden. Im Hintergrund die Ernst-Moritz-Arndt-Sicht.*

▶ *Herbstliches Gegenlicht an den Hohen Ufern – Viele Freunde der Kreideküste wandern hier gern im Spätherbst, wenn fantastische Farb- und Lichtstimmungen die Landschaft verzaubern.*

◄ *Im Stubnitzwald – Erst dann, wenn die Blätter gefallen sind, erreichen die Sonnenstrahlen den Waldboden der hohen „Buchenhallen". Dann erkennt der Wanderer auch deutlicher das bemerkenswerte Relief des Stubnitzgebietes und seine tief eingeschnittenen Bachtäler.*

▲ *Am Herthasee – Der unweit vom Königsstuhl mitten im Stubnitzwald gelegene tiefe See soll vor 1500 Jahren durch einen Erdfall entstanden sein. Die steile Anhöhe an seinem Ostufer ist ein bemerkenswerter Ringwall aus der Slawenzeit.*

◄ *Der Norden von Jasmund im Winterkleid – Das bewaldete Nordufer der Halbinsel liegt im Schatten der Wintersonne. Die Ortschaft in der Bildmitte ist Nardevitz, darüber – am Rande des Stubnitzwaldes – liegen Nipmerow und Hagen. Blickrichtung Südost.*

▲ *Eis auf dem Großen Jasmunder Bodden bei Lietzow – Bei strengem Frost hat sich die Wasserfläche des Boddens mit einer dicken, geschlossenen Eisdecke überzogen. Am südexponierten Steilufer taut es in der Mittagssonne und friert alsbald wieder. Dabei wird das Kliff zermürbt.*

◀ *In Westen von Jasmund – Der Blick von den Feldern am Westrand von „Hoch-Jasmund" nach Südwesten zeigt im Hintergrund die fast unter Bäumen verschwindende Ortschaft Bobbin und den Großen Jasmunder Bodden.*

▲ *Blühendes Brachland bei Bobbin – Auch wenn manche der Fotos von rügenschen Feldlandschaften in diesem Buch einfach zu bunt erscheinen mögen: Sie entsprechen der frühsommerlichen Realität.*

▲ *Südteil der Halbinsel Jasmund – Blick nach Süden über verwundete Landschaft – den Kreidetagebau bei Promoisel, das Kreidewerk Wittenfelde, die Ausläufer von Sassnitz und den Fährhafen Sassnitz-Mukran an der Tromper Wiek. Der helle bogenförmige Saum ist der Strand der Schalen Heide.*

▶ *Steilufer in der „Hölle" nahe Sassnitz-Dwasieden – Dieses hohe Kliff besteht zum großen Teil aus Schreibkreide und zählt zu den geologisch besonderen Aufschlüssen an der rügensche Küste.*

▶▶ *Zauberhafte Rügenlandschaft – kurz vor Sonnenaufgang am Kleinen Jasmunder Bodden bei Lietzow.*

FLENSBURGER
PILSENER
Strand-
korb-
Vermietung
Hier!

ÖSTLICHES MUTTLAND

mit Schmaler Heide, Granitz, Rugard, Goor und Vilm

Rügens großes zentrales Kernland – das „Muttland" – umfasst mehr als die Hälfte der Inselfläche. Seine Landschaft zeigt eine für jedermann auffallende Zweiteilung: Östlich einer Linie, die etwa von Ralswiek über Bergen nach Garz verläuft, hat sie ein wesentlich bewegteres Relief und ist deutlich abwechslungsreicher als westlich davon. Bewaldete Höhenrücken, hügelige Fluren mit Hecken und Hainen sowie stark gegliederte Boddenufer verleihen dem östlichen Muttland seinen ungewöhnlichen Reiz.

Der besonders abwechslungsreiche Ostzipfel des Kernlandes, das Granitzgebiet, ist durch die Schmale Heide, eine breite Nehrung, mit der Halbinsel Jasmund verbunden und wird durch den Mönchgraben von der Halbinsel Mönchgut getrennt.

Schmale Heide

Die breite, sandige Nehrung, auf der große Teile des Ostseebades Binz sowie Prora und Neu Mukran liegen, ist mit ihren weiten Stränden ein markantes Bauwerk der Ostsee, das im Wesentlichen im Zeitraum vor etwa 4000 bis 2000 Jahren entstand. Dabei wurden der Kleine Jasmunder Bodden und der Schmachter See abgeschnürt. Bei schweren Stürmen bildete sich anfangs ein beeindruckendes System von Strandwällen, die bekannten Feuersteinfelder bei Neu Mukran (S. 40), eine besondere landschaftliche Sehenswürdigkeit. Zwei kleine, hohe Inseln – heute die mit dichtem Laubwald bestandenen Halbinseln Buhlitz und Thiessow (S. 8) im Kleinen Jasmunder Bodden – wurden damals vom Meer in die Nehrung „eingebaut" und stehen jetzt im auffallenden Kontrast zu deren Dünenkiefernwäldern.

◄ Der Strand von Binz – Rügens größter Badeort liegt im östlichsten Teil des Kernlandes, zum großen Teil auf der Wurzel der Schmalen Heide, einer breiten Nehrung, der Brücke zur Halbinsel Jasmund.

Granitzgebiet

Der markante Höhenzug der Granitz zwischen den Seebädern Binz und Sellin ist eine vor etwa 14 000 Jahren entstandene Endmoräne – eine „Jungmoräne" mit besonders starkem Relief. Ihre hohen Steilufer an der Außenküste und ihr großes, abwechslungsreiches Waldgebiet zählen zu den Höhepunkten der Rügenlandschaft. Zahlreiche Wanderwege durchziehen die Granitz; viele davon führen zum imposanten Jagdschloss Granitz auf dem 107 Meter hohen Tempelberg. Der Jagdschlossturm gilt als Rügens schönster Aussichtspunkt und bietet einen überwältigenden Rundblick über weite Teile der Insel. In der südlich der Granitz gelegenen Bod-denlandschaft an Having, Stresower Bucht, Neuensiener und Selliner See gibt es zahlreiche interessante Details wie z. B. die „Moritzburg", den Gobbiner Haken (S. 38) oder den Burgwall an der Having sowie idyllisch gelegene Dörfer wie Neu Reddevitz, Seedorf oder Moritzdorf.

Rugardgebiet

Auch die bewaldete Höhe des Rugard, an dessen Westflanke die „Inselhauptstadt" Bergen liegt, wird von einem Aussichtsturm gekrönt – vom Ernst-Moritz-Arndt-Turm. Er bietet ebenfalls einen fantastischen Rügenblick. Von ihm aus erkennt man besonders gut, wie sehr sich die Landschaft des östlichen Kernlandes von der des westlichen unterscheidet. Nordöstlich vom Rugard findet man in der hügeligen Uferzone am Kleinen Jasmunder Bodden bei Buschwitz und Stedar so manche reizvolle Situation. Eine Wanderung auf verschwiegenen Alleen zur bewaldeten Halbinsel Pulitz garantiert ein ungewöhnliches Landschaftserlebnis abseits viel begangener Wege. Ein schönes Waldgebiet liegt auch auf dem hohen Sporn, der sich bei Ralswiek (nördlich von Bergen) zwischen Großem und Kleinem Jasmunder Bodden in Richtung Lietzow vorschiebt. Ralswiek selbst hat neben seinem bemerkenswerten Schlosspark auch eine der schönsten Naturbühnen Deutschlands zu bieten, auf der Jahr für Jahr Zehntausende die Aufführungen im Rahmen der Störtebeker-Festspiele verfolgen – immer mit dem wunderbaren Blick auf die Boddenlandschaft.

Landschaft um Putbus

Die südlich von Bergen, rings um das Städtchen Putbus gelegene und teilweise parkartig erscheinende hügelige Feldlandschaft wurde früher vom Menschen nicht nur genutzt, sondern auch bewusst gestaltet. Zahlreiche Alleen, ein großer Park, kleine Wäldchen und Teiche bilden das harmonische Umfeld der erst im 19. Jahrhundert gegründeten und im klassizistischen Stil planmäßig errichteten Kleinstadt. Landschaftlich reizvoll ist auch das südlich von Putbus gelegene Ufer des Greifswalder Boddens bei Lauterbach, Neuendorf und Wreechen / Neukamp. Der abwechslungsreiche Uferwanderweg zwischen Groß Stresow und Neukamp führt u. a. durch die Goor, einen prächtigen Uferwald aus Buchen und Eichen, sowie durch die Neuendorfer Kiefern – heute ein Laubmischwald mit bemerkenswertem Steilufer.

Insel Vilm

Im nördlichsten Teil des Greifswalder Boddens, unmittelbar südlich der Goor, liegt die Insel Vilm (0,96 km^2), ein weithin bekanntes Naturschutzgebiet. Die lang gestreckte, teils hügelige, teils flache, mit herrlichem Laubwald bestandene Insel verfügt auf engstem Raum über alle Küstenformen, die Rügen im Großen zu bieten hat: aktive und inaktive Steilufer, Sand- und Geröllstrände, Strandwallebenen, Nehrungen, Sandhaken, Verlandungszonen … Insgesamt vermittelt Vilm – obgleich früher durchaus vom Menschen genutzt – einen sehr ursprünglichen Eindruck. Die einst streng bewachte „Regierungsinsel" der DDR ist heute Sitz einer internationalen Naturschutzakademie und im Rahmen geführter Wanderungen auch für jeden interessierten Rügenbesucher erlebbar.

▶ *Blick von der Halbinsel Thiessow nach Norden – Die versteckt am Kleinen Jasmunder Bodden, im Hinterland der Schmalen Heide, gelegene Halbinsel (nicht zu verwechseln mit Thiessow auf Mönchgut!) war einst eine Insel in der freien Ostsee. Bei der Entstehung der Schmalen Heide wurde dieser Inselkern in die Nehrung eingebunden. Das Foto zeigt die Sicht von einstigen Kliff auf das verschilfte Ufer der Schmalen Heide am Kleinen Jasmunder Bodden. Im Hintergrund die Halbinsel Jasmund.*

▲ *Jagdschloss Granitz – Der Turm des klassizistischen Baus, der nach Plänen von K. F. Schinkel errichtet wurde, gilt als Rügens schönster Aussichtspunkt – das zeigen auch die Fotos gegenüber und auf den Seiten 22, 101 und 103. Von seiner 145 Meter hoch gelegenen Aussichtsplattform überblickt man den größten Teil der Insel. Schöne Wanderwege führen durch den herrlichen Granitzwald zum Jagdschloss. Eine Haltestelle der legendären Kleinbahn „Rasender Roland" liegt ganz in seiner Nähe.*

▶ *Aussicht vom Jagdschloss Granitz – Der Blick nach Nordwesten lässt die herbstliche Insel Rügen wie ein weites Waldland erscheinen. Binz, Rügens größtes Ostseebad, liegt zwischen Ostsee und Schmachter See (rechts), einen vom Meer abgetrennten Strandsee, auf der Wurzel der Schmalen Heide. Diese vor den Inselkernen von Buhlitz und Thiessow gelegene flache, sandige Nehrung mit ihrem breiten Sandstrand ist gut zu erkennen. Der Baukomplex von Prora liegt dort fast versteckt im Kiefernwald.*

◀ *Kastanienallee bei Lancken-Granitz – Die Landschaft im östlichen Muttland, besonders die zwischen Putbus und der Granitz, erhielt im 19. Jahrhundert durch Anlage zahlreicher Alleen ihren besonderen Charakter.*

▲ *Herbstliches Abendlicht über dem Greifswalder Bodden – Dieser Blick vom Jagdschloss Granitz zur Insel Vilm zeigt eine jener Stimmungen, die Freunde der Rügenlandschaft immer wieder auf die Insel locken.*

▲ *An der Lanckener Bek bei Seedorf – Der kleine Ort in idyllischer Lage am Fuß des Hanges über der Bek (auch auf dem Foto rechts erkennbar) war früher ein typisches Fischer-Bauern-Dorf mit kleiner Werft. Heute bestimmt hier der Individualtourismus mit Ferienhäusern und Sportboothafen das Bild.*

▶ *Blick vom Jagdschloss Granitz nach Süden – Diese Sicht reicht über den Granitzwald, die Alleen und Flure bei Lancken-Granitz bis nach Mönchgut (im Hintergrund). Das vordere Gewässer ist der Neuensiener See, der über die Lanckener Bek und Having mit dem Greifswalder Bodden verbunden ist.*

▲ *Großsteingrab bei Lancken-Granitz – Am Südrand der Granitz liegen mehrere dieser beeindruckenden Grabanlagen aus der Steinzeit in der freien Landschaft, manche unter hohen Bäumen.*

▶ *Bei Stedar am Kleinen Jasmunder Bodden – Dieser verträumte Weiler liegt abseits der viel befahrenen Wege nordöstlich von Bergen. Die blühende Kirschbaumallee im Hintergrund führt zur Halbinsel Pulitz.*

▲ *Verschneites Muttland – Das Luftbild mit Blick nach Osten über die Landschaft im östlichen Kernland bei Putbus (oben links) und Kasnevitz (oben rechts) verdeutlicht deren reiche Gliederung. Im Hintergrund der Greifswalder Bodden mit der Insel Vilm und Mönchgut.*

▶ *Putbus, Lauterbach und Insel Vilm – Diese Sicht nach Süden zeigt die Insel Vilm von ihrer „Breitseite“ und ihre schöne Lage im nördlichen Teil des Greifswalder Boddens. Das Waldgebiet an dessen Ufer (links) ist die Goor, weiter rechts der Hafen von Lauterbach.*

◄ *Buchen auf der Insel Vilm – Die uralten Buchen an vielen Stellen der Insel bezeugen, dass der Mensch hier kaum in die Natur eingegriffen hat. Das seit langer Zeit unter Naturschutz stehende Eiland ist ein landschaftliches Kleinod und zählt zu den wertvollsten Naturräumen im Biosphärenreservat Südost-Rügen.*

▲ *Ostufer der Insel Vilm – Auf engstem Raum findet man auf dem Vilm die unterschiedlichsten Küstenformen vereint – wohl alle, die auf der Insel Rügen sonst nur verstreut vorkommen. Dabei signalisieren aktive Steilufer und kleine Sandhaken, dass die Küstendynamik hier noch nicht zum Erliegen gekommen ist.*

HALBINSEL MÖNCHGUT

mit Alt Reddevitz, Groß Zicker und Klein Zicker

Die reich gegliederte Halbinsel im Südosten gilt als besonderes landschaftliches Kleinod der Insel Rügen. Zwischen Meer und Bodden findet man hier breite Sandstrände mit Dünen und hoch aufragende Steilufer, weite flache Salzwiesen und dichte Schilfgürtel, prächtigen Buchenwald und harzduftende Kiefernheide. Nirgendwo auf Rügen zeigt sich die Landschaft, ein Mosaik aus Inselkernen und Nehrungen, auf engstem Raum so vielfältig und abwechslungsreich wie hier.

Durch den Mönchgraben bei Baabe vom Granitzgebiet getrennt, besitzt die Halbinsel drei markante Inselkerne: Göhren-Alt Reddevitz, Groß Zicker und Klein Zicker. Hinzu kommen zwei kleinere Inselkerne – die von Lobbe und Thiessow. Alle sind sie verbunden durch sandige Nehrungen wie Baaber Heide und Langer Strand.

Baaber Heide

Zwischen dem Ausläufer der Granitz bei Baabe und dem Inselkern von Göhren-Alt Reddevitz erstreckt sich flaches, sandiges Land – die Baaber Heide, eine breite Nehrung, größtenteils mit trockenem pilz- und beerenreichen Dünenkiefernwald bedeckt. Seeseitig schwingt sich im weiten Bogen ein besonders schöner, breiter Sandstrand; dahinter ein durchgehender Dünenwall mit interessanter Pflanzenwelt. Boddenseitig, also zum verschilften Ufer der Having hin, dehnt sich feuchtes Wiesengelände.

◄ *Groß Zicker – Halbinsel und Ort tragen denselben Namen und gelten als Höhepunkt auf Mönchgut. Eine Wanderung über die Höhen bietet die vielfältigsten Ansichten dieser überaus reizvollen Landschaft zwischen Meer und Bodden. In jedem Frühsommer zeigt sie ein neues Gesicht, da die Feldblumen immer anders blühen.*

Inselkern Göhren-Alt Reddevitz

Vor 5000 Jahren lag der heutige Inselkern als lang gestreckte, schmale, hohe Insel in der freien Ostsee. Aus dieser Zeit stammen auch die Steilufer, die an den meisten Rändern des Inselkerns zu finden sind – inzwischen meist inaktiv, teilweise im Wald gelegen und bewachsen, an anderen Stellen aber noch immer im Abbruch befindlich. Heute beeindruckt die ungewöhnliche Form der Halbinsel Alt Reddevitz, die sich weit nach Westen in den Bodden hinein erstreckt und am Reddevitzer Höft ein markantes Kliff bildet. An der südlichen Wurzel dieser Halbinsel liegt der Schafberg bei Mariendorf, ein Aussichtspunkt mit interessanter Flora, dessen helles Sandkliff an der Hagenschen Wiek weithin sichtbar ist. Der höhere, überwiegend bewaldete Teil des Inselkerns schiebt sich weit nach Osten vor. Auf dessen Höhe, in fantastischer landschaftlicher Position, liegt das Ostseebad Göhren. Östlichster Punkt des Inselkerns (und östlichster Punkt Rügens) ist das von einer Uferschutzmauer umgebene Nordperd. An seinen Flanken gibt es hohe Sandkliffe, die einer beständigen Abtragung unterliegen.

Lobber Ort, Großer Strand und Zickerniss

Die Lobber See-Niederung mit ihren ausgedehnten Schilfbeständen und dem darin versteckt liegenden, wasservogelreichen Lobber See verbindet den Inselkern von Göhren-Alt Reddevitz mit dem von Lobbe. Dieser winzige Inselkern besitzt am Lobber Ort ein markantes Geschiebelehmkliff. Zwischen den Inselkernen von Lobbe und Thiessow erstreckt sich der längste Nehrungsstrand auf Mönchgut – der fast fünf Kilometer lange Große Strand. Sein lückenloser Dünenwall und der angepflanzte Kiefernwald liegen auf den von der Ostsee aufgeschütteten Strandwällen. Auch das feuchte Wiesengelände im Hinterland – die Zickerniss-Niederung – ist eine Bildung des Meeres: eine weite Seesandebene.

Halbinsel Groß Zicker

Eine Wanderung über die hohen Trockenrasenhügel der Halbinsel Groß Zicker zählt mit Sicherheit zu den großartigsten Landschaftserlebnissen an der Ostseeküste. Für viele seiner zahlreichen Freunde gilt der Große Zicker als Höhepunkt der in ihrer Vielfalt und Schönheit insgesamt überreichen Halbinsel. Eine große Zahl von Kuppen, Kämmen, Senken und Tälern verleiht dem Höhenzug ein besonders bewegtes Relief. Mit je 66 Meter Höhe sind der Bakenberg im Osten und der Zickerberg im Westen die höchsten Erhebungen des Großen Zicker. Auf seinen kurzrasigen Hügeln, in den kleinen Gebüschen und Hainen besitzt die Pflanzenwelt einen heute anderswo kaum noch zu findenden Artenreichtum. Das markante Kliff am Zickerschen Höft ist das höchste aller vorpommerschen Boddenufer und zeigt eine bemerkenswerte Dynamik. Die beiden Fischerdörfer Groß Zicker und Gager erstrecken sich längs des Süd- bzw. Nordufers und fügen sich harmonisch in die Landschaft der Halbinsel ein.

◄ Blick vom Lotsenturm – Der Aussichtsturm auf dem Lotsenberg bei Thiessow, der südlichsten Erhebung der Halbinsel Mönchgut, ermöglicht einen fantastischen Rundblick – hier auf die Neubauten und den Hafen von Thiessow, den Zicker See und den Großen Strand; oben links die Höhen des Großen Zicker, rechts am Horizont die Granitz.

Halbinsel Klein Zicker

Die südliche der drei Mönchguter Halbinseln wird von einem kleinen, fast kreisrunden Inselkern mit einem Durchmesser von knapp einem Dreiviertelkilometer gebildet. Eine schmale Nehrung, der „Haken", verbindet ihn mit dem Thiessower Inselkern. So erinnert seine Form an eine Pfanne mit langem Stiel. Von den blumenreichen Trockenrasenhügeln der winzigen Halbinsel bietet sich ein wunderschöner Rundblick. Während es im Süden und Westen in Abbruch befindliche Steilufer gibt, ist das nördliche mit abwechslungsreichem Hangwald bewachsen. Ein winziger modellartiger Sandhaken schiebt sich vom Nordufer in den Zicker See vor.

Inselkern Thiessow

Der sanft von Thiessow, der südlichsten Ortschaft auf Mönchgut, nach Osten hin ansteigende Inselkern ist nicht größer als der von Klein Zicker. An seiner Außenflanke bildet er ein hohes Kliff, das Südperd, das nach dem Bau einer Uferschutzmauer weitgehend bewaldet ist. Der auf seiner höchsten Erhebung errichtete Lotsenturm wartet auf mit einer faszinierenden Aussicht über Mönchgut, Meer und Bodden.

◄ *Rapsblüte auf Alt Reddevitz – Der schmale Landstreifen der Halbinsel besitzt fruchtbaren Lehmboden und wird daher, anders als die kargen Böden auf Groß Zicker, intensiv landwirtschaftlich genutzt. Der Blick vom höchsten Punkt der Halbinsel nach Osten lässt links die Having, rechts die Hagensche Wiek erkennen.*

▲ *Halbinsel Alt Reddevitz – Das winterliche Luftbild zeigt Rügens ungewöhnlichste Halbinsel, deren schmaler Landstreifen wie ein Pfeil weit hinein in den Greifswalder Bodden ragt. Links die bereits mit dünnem Eis bedeckte Having, darüber der Selliner See und Sellin, rechts davon Baabe und die Baaber Heide.*

▲ *Halbinsel Groß Zicker – Die von einem Schneeschauer überpuderte Landschaft zeigt das Relief der Moränenhügel besonders deutlich. Vorn das Steilufer am Zickerschen Höft, rechts die Ortschaft Groß Zicker, links Gager; im Hintergrund, an den Landvorsprüngen, Lobbe und Göhren.*

▶ *Am Zickerschen Höft – Vor dem markantesten Steilufer der über 400 Kilometer langen Boddenküste liegt ein Saum besonders großer Findlinge, die durch das schiebende Packeis des Greifswalder Boddens an dieser Stelle konzentriert wurden.*

◀ *Der Göhrener Nordstrand – Der hier am Steilufer des Nordperds (Göhrener Höft) immer wieder abrutschende Sand wird vom Meer alsbald weggespült, in Richtung Badestrand getragen und dort abgelagert.*

▲ *Die Göhrener Seebrücke – Die Seebrücken von Binz, Sellin und Göhren erlauben nicht nur einen interessanten Blick auf die Küste, sondern sind auch Anlegestellen für die Ausflugsschiffe.*

▲ *Heringsanlandung in Klein Zicker – Diese traditionellen Mönchguter Reusenboote mit ihren typischen Heckspiegeln bestimmten einst das Bild in den vielen kleinen Häfen und an den Liegeplätzen auf Mönchgut. Noch immer sind einige dieser schwarz geteerten Boote im Einsatz, aber ihre Tage sind gezählt.*

▶ *Fischerlandschaft Mönchgut – Die Fangkammer einer großen Kummreuse steht, zum Trocknen aufgespannt, auf dem Fischerplatz von Klein Zicker. Solche Bilder sind heute selten geworden, denn die Fischerei erlebte in den vergangenen zwei Jahrzehnten überall auf Rügen einen unübersehbaren Niedergang.*

◀ *Winterabend auf Groß Zicker – Schwer liegen die dunklen Hügel von Groß Zicker, Klein Zicker und Thiessow auf dem spiegelglatten Wasser von Meer und Bodden. In der Ferne schickt der Leuchtturm der Greifswalder Oie sein helles Licht weit über die Pommersche Bucht.*

▲ *Lehmpfeiler am Saalsufer von Klein Zicker – Bei einem winterlichen Abbruch am Steilufer blieb dieser fünf Meter hohe Pfeiler aus Geschiebelehm auf dem Strand stehen und überstand sogar einige schwere Stürme. Im Hintergrund liegt Groß Zicker.*

WESTLICHES KERNLAND

mit Ummanz, Lieschow, Liddow und Lebbin

Westlich der Linie, die etwa von Ralswiek über Bergen nach Garz verläuft, zeigt sich die Landschaft des Muttlandes in weiten Teilen deutlich einfacher strukturiert, weniger abwechslungsreich als östlich von ihr. Auf der flachwelligen Grundmoräne mit ihren fruchtbaren Böden bestimmt die Landwirtschaft mit großen Schlägen das Bild. Landschaftlich „bewegter" sind lediglich die Uferzonen am Großen Jasmunder Bodden.

Dieses weite, flache Land scheint – vergleicht man die Landschaft mit Mönchgut oder Jasmund – auf einer ganz anderen Insel zu sein. Ausgedehnte Areale liegen weniger als zehn Meter über dem Meeresspiegel. Es gibt kaum Aussichtspunkte.

Westliches Muttland

Wer die Weite von Feldlandschaften liebt, mag hier auf Entdeckungen gehen. Das von Touristen wenig frequentierte Gebiet ist wohl am besten vom Fahrrad aus zu erleben und besonders reizvoll zur Zeit der Rapsblüte und der reifen Getreidefelder. Ein schöner Radwanderweg quert das einzige größere Waldgebiet dieser Region, die Gingster Heide. Am stillen Ufer des tief in das Muttland hineinreichenden Kubitzer Boddens mit seinen Buchten Landower Wedde und Priebowsche Wedde gibt es manch Interessantes zu entdecken.

◄ *Bodden zwischen Muttland und Ummanz – Die etwa 20 Quadratkilometer große, tischebene Insel Ummanz ist dem westlichen Muttland vorgelagert. Dazwischen liegen stille Bodden mit reich gegliedertem Ufersaum und den kleinen Inseln Urkevitz, Mährens und Liebes. Das Luftbild zeigt die Brücke zur Insel Ummanz bei Waase, in der Ferne Barhöft, Bock, Gellen, das helle Windwatt, am Horizont die Halbinsel Zingst.*

Seen und Bäche

Der Nonnensee (Foto auf dem Rücktitel) nordwestlich von Bergen ist das größte stehende Gewässer des Gebietes – ein sehr flacher See mit interessanter Geschichte. Schon um 1860 versuchte man, ihn zu entwässern. Um 1970 wurde er dann endgültig trockengelegt. 1993 stellte man das Schöpfwerk ab und der See entstand neu. Heute ist der direkt an der B 96 gelegene See ein Wasservogelparadies. Der aus dem Kniepower See, einem der wenigen anderen kleinen Seen der Insel, entspringende und in die Priebowsche Wedde mündende Sehrower Bach bildet Rügens längstes fließendes Gewässer und ist ganze acht Kilometer lang. Andere kleine Bäche, die im Muttland fließen, gleichen eher verwachsenen Gräben.

Ummanz und Lieschow

Völlig eben zeigen sich auch die Insel Ummanz (ca. 20 km^2) und die Halbinsel Lieschow am westlichen Ufer des Kernlandes. Hier erhält die flache Landschaft ihren besonderen Reiz durch die weite Sicht auf die umgebenden Boddengewässer und hinüber zur Insel Hiddensee.

Eine ausgedehnte Verlandungszone schiebt sich im Osten von Ummanz in den Koselower See. Hier und an der Udarser Wiek liegen die bekannten Schlafplätze der im Herbst und Frühling rastenden Kraniche. Der Bodden zwischen Ummanz und Lieschow hat flache, aber abwechslungsreiche Uferzonen und drei winzige Inseln: Urkevitz (0,3 km^2), Mährens (0,3 km^2) und Liebes (0,3 km^2). Wie reich diese Landschaft gegliedert ist, erkennt man nur aus der Vogelperspektive (S. 24 und 124).

Nordufer mit Liddow und Lebbin

Am Ufer des Großen Jasmunder Boddens gibt es vom allgemeinen Charakter des westlichen Kernlandes abweichende Landschaftsbilder. Die Banzelvitzer Berge, ein markanter bewaldeter Höhenrücken mit hohem Kliff, bilden unweit von Rappin das Ufer. Über eine winzige Nehrung, den kleinen Inselkern Roddelin und eine weitere Nehrung zwischen Bodden und Tetzitzer See sind sie verbunden mit der Halbinsel Liddow, die im Jungfernholz ein bemerkenswertes fossiles Kliff besitzt (S. 29). Besonders reizvoll ist die Landschaft mit Hügeln und Boddenbuchten um Neuenkirchen. Auf der bewaldeten Höhe von Hoch Hilgor (43 m) steht der Grümbke-Turm, ein hoher hölzerner Aussichtsturm, der eine fantastische Sicht über die nordrügenschen Bodden auf das nördliche Rügen und nach Hiddensee erlaubt. Vom Hoch Hilgor fällt die Landschaft sanft ab zur Halbinsel Lebbin. Westlich der Neuendorfer Wiek mit der Insel Beuchel (0,3 km^2) schiebt sich eine große, flache namenlose Halbinsel in Richtung Hiddensee. Sie ist über die Wittower Fähre mit Wittow verbunden und besitzt am Steinort den westlichsten Punkt Rügens.

◀ *Blick vom Grümbke-Turm nach Hiddensee – Auf der bewaldeten Höhe des Hoch Hilgor bei Neuenkirchen steht seit einigen Jahren ein hoher hölzerner Aussichtsturm. Man hat ihn nach Johann Jacob Grümbke (1771–1849) benannt, Historiker und Geograf, bester Kenner der Insel in seiner Zeit und Begründer der Rügener Heimatkunde. Die fantastische Sicht von diesem wenig bekannten Aussichtsturm ist eine Überraschung in der weitgehend flachen nordwestrügenschen Landschaft. Man überblickt die weiten Bodden, die Halbinsel Wittow und hat eine besonders schöne Sicht nach Hiddensee zum Dornbusch – so wie sie dieses Foto zeigt.*

▶ *Der Sehrower Bach nahe seiner Mündung – Rügen besitzt naturgemäß keine längeren fließenden Gewässer, denn schon nach kurzer Entfernung erreichen die kleinen Bäche das Meer oder einen Bodden. Der aus dem Kniepower See östlich von Samtens entspringende Sehrower Bach ist daher nur acht Kilometer lang und hat kaum Gefälle. Deshalb staut sich in ihm auch das Wasser, wenn die Priebowsche Wedde, eine Bucht des Kubitzer Boddens, Hochwasser hat.*

▲ *Insel Liebitz im Kubitzer Bodden – Die 40 Hektar große Insel wird heute als Weideland genutzt. Daneben ist sie eine bekannte Vogelinsel, auf der zahlreiche Küstenvögel brüten und rasten. Sie gehört zum Nationalpark Vorpommersche Boddenküste. Darüber liegen die Halbinsel Lieschow, die Inseln Ummanz und Hiddensee.*

▶ *Mikrokliff am Varbelvitzer Bodden – Das muttländische Ufer des stillen Boddens zwischen Ummanz und Lieschow zeigt deutliche Spuren einer Küstendynamik, die man hier nicht vermutet. Bei Hochwasser und Westwind aber arbeitet der Bodden an einigen exponierten Stellen und bildet ein solches Miniatursteilufer.*

◀ *Das westliches Muttland aus der Vogelperspektive – Der Blick nach Nordwesten (unten die B 96 auf Höhe Bergen) zeigt die weite, flache Feldlandschaft Westrügens mit ihren großen Schlägen. Ganz im Hintergrund erkennt man den Dornbusch auf Hiddensee.*

▲ *Feldlandschaft bei Ralow am Kubitzer Bodden – Auch auf Rügen gibt es hier und da recht einfach strukturierte Gegenden, die weit abseits von den beliebten Zielen der Touristen liegen. Mancher Wanderer entdeckt aber gerade hier etwas Besonderes: die Stille.*

◀ *Raureiftag am Sehrower Bach – Auch die eher schlichten Feldlandschaften des westlichen Muttlandes wirken an solchen seltenen Wintertagen wie verzaubert. Wer sich daran erfreuen möchte, sollte sich beeilen, denn die Sonne bereitet der weißen Pracht bald ein Ende.*

▲ *Kirchhügel in Neuenkirchen – Vom Schein der Wintersonne erhält das archaisch anmutende Gebäude, das hier die Landschaft dominiert, einen besonderen Reiz. Die aus Feldstein und Backstein errichtete Kirche stammt aus dem 15. Jahrhundert.*

UFER AM STRELASUND

mit Zudar, Glewitz und Drigge

Der rund 25 Kilometer lange und etwa zwei Kilometer breite Strelasund trennt Rügen vom Festland. Viele kennen ihn von der Fahrt über die Brücken oder vom Wasser aus, von der Fahrt nach Hiddensee. Streng genommen gehören seine rügenschen Ufer zum Muttland, sie zeigen aber einige landschaftliche Besonderheiten. Dazu gerechnet wird hier auch die Halbinsel Zudar mit ihren vielfältigen Ufern.

Im Gegensatz zu vielen muttländischen Ufern besitzt der Strelasund an einigen Stellen, auch auf rügenscher Seite, auffallend aktive Ufer. Zuerst war es abströmendes Schmelzwasser, später ein kleiner Fluss, die sich hier in die Landschaft eingruben und das Tal formten, in welches später das Meer eindrang. Dabei entstand eine besondere Uferlandschaft. Noch heute bewirken zeitweise starke Strömungen die besondere „Frische" mancher Ufer.

Halbinsel Zudar

Die rund 18 Quadratkilometer große Halbinsel zwischen Greifswalder Bodden bzw. Schoritzer Wiek, Strelasund und Puddeminer Wiek war früher eine Insel, denn anstelle des schmalen, sumpfigen Wiesenstreifens zum Muttland hin lag einst ein flacher Wasserarm. Die östlich davon gelegene Schoritzer Wiek, ein unter Naturschutz stehendes Nebengewässer des Greifswalder Boddens, besitzt besonders reich gegliederte Ufer. Von ihr aus gelangt man durch einen schmalen Wasserarm, vorbei am Dorf Zudar mit seinem markanten Burgwall, in die stille Maltziener Wiek mit der Insel Tollow, einem winzigen Inselkern. Im Inneren zeigt sich die Halbinsel allerdings weniger abwechslungsreich als weite wellige Agrarlandschaft.

◄ Halbinsel Glewitz – Im östlichen Strelasund, an die Halbinsel Zudar „angebaut", liegt diese kleine Halbinsel mit ihrem modellartigen Sandhaken, dem Vogelhaken. Der kleine Inselkern ist durch eine winzige Nehrung mit dem Zudar verbunden, darf aber als Vogelschutzgebiet nicht betreten werden. Darüber erkennt man den Wussitzer Haken und weiter oben die Prosnitzer Schanze.

Palmer Ort

Die Südspitze der Halbinsel Zudar, der Palmer Ort, ist gleichzeitig der südlichste Punkt der Insel Rügen. Sowohl der Bodden als auch der Sund waren mit ihren Wellen beteiligt am Aufbau des dreieckigen Höftlandes, einer heute bewaldeten Strandwallebene mit vorgelagertem Dünenwall. Die äußerste Südspitze wird von einem kleinen Sandhaken gebildet, der – je nach Windrichtung – vom Wasser immer wieder umgebaut wird. Von hier aus reicht der Blick sowohl über den Greifswalder Bodden als auch weit in den Strelasund hinein. Das drei Kilometer nordöstlich gelegene Gelbe Ufer bietet mit seinem aktiven, aus grobem Schmelzwasserkies, Sand und Schluff aufgebauten Steilufer ein anderswo auf Rügen nicht anzutreffendes Küstenbild.

Halbinsel Glewitz

Nur durch eine kleine schmale Nehrung mit dem Zudar verbunden, fällt der mit hohen Pappeln bestandene Inselkern von Glewitz von der Wasserseite her besonders auf. Der daran „angebaute", in die Glewitzer Wiek hineinragende Vogelhaken ist ein modellartiger Sandhaken, auf dem tatsächlich meist rastende Seevögel zu finden sind. Die Halbinsel ist Vogelschutzgebiet und nicht zu betreten, kann aber vom Boot aus gut betrachtet werden. Unweit von Glewitz liegt Glewitzer Fähre, der Anleger der Strelasundfähre hinüber zum Festland, nach Stahlbrode. Mancher Urlauber wählt diesen Weg als angenehme Alternative zu den Brücken – ermöglicht doch die kurze Überfahrt ein erstes oder abschließendes Landschaftserlebnis vom Wasser her.

Halbinsel Drigge

Die markante Halbinsel östlich von Stralsund fällt sofort im Kartenbild auf. Von Gustow aus zieht sich ein lang gestreckter, schmaler, bewaldeter Hügelrücken über die nördliche Halbinsel Drigge zum Strelasund und bildet dort ein Sandkliff. Dieser aus Sand und Kies bestehende Rücken ist ein Os – ein von Schmelzwässern in einem Tunnel unter dem Inlandeis aufgeschütteter Wall. Die Kiesgruben an der Wurzel der Halbinsel sind heute längst bewachsen. Auch die schmale, tiefe Bucht an der Nordwestseite der Halbinsel ist Menschenwerk: Hier wurde einst Kies für den Bau des Rügendamms gebaggert. Ebenso ein riesiges Spülfeld, das etwa die Hälfte der Drigge einnimmt und auf dem das Baggergut aus den Fahrrinnen in Strelasund und Bodden aufgebracht wird.

◄ *Palmer Ort auf der Halbinsel Zudar – Die Südspitze der Insel Rügen wird von einem flachen Höftland gebildet, das aus zahlreichen von West- und Nordoststürmen aufgeschütteten Strandwällen besteht. Noch heute wird die exponierte Landspitze, an der sich ein kleiner Sandhaken ins Wasser schiebt (hinter den hohen Pappeln), bei Sturm immer wieder umgebaut. Dieser Sandhaken ist auch die „Grenzmarkierung" zwischen Greifswalder Bodden und Strelasund.*

Ufer bei Altefähr

Hier wird die Uferlandschaft zwar dominiert von den beiden Brückenbauten, den einzigen festen Verbindungen zur Insel Rügen. Die nahe gelegene Ortschaft Altefähr mit ihrem schönen Park vermittelt dagegen aber ein fast romantisch wirkendes Bild, das von Stralsund aus besonders einladend erscheint. Das Strelasundufer nördlich und südöstlich von Altefähr kann man sich von einem Uferweg aus erschließen. Hier gibt es kleinere Uferabschnitte mit aktiven Kliffen und immer wieder den schönen Blick über den sich weitenden Strelasund zum Festland und auf die beeindruckende Silhouette der Stralsunder Altstadt. Unmittelbar landeinwärts erstrecken sich die weiten, flachen Feldlandschaften des Muttlandes, die der Rügenbesucher zuerst erlebt.

▲ *An der Maltziener Wiek bei Zudar – In Winter überzieht sich dieses stille Boddengewässer am Dorf Zudar rasch mit einer festen Eisdecke. Das helle Gold des Schilfes und das intensive Rot der Mehlbeeren verleiht dem Winterbild seine kräftigen Farben.*

▶ *Blick vom Zudar nach Nordosten – Das Dorf Zudar liegt ganz links an der Allee, weiter rechts die Maltziener Wiek, darüber die Schoritzer Wiek und die Landzunge der Silmenitzer Heide. Im Hintergrund der Greifswalder Bodden mit der Insel Vilm.*

◀ *Das Gelbe Ufer auf dem Zudar – An der Außenseite der Halbinsel, zum Greifswalder Bodden hin, gibt es dieses markante Kliff aus Schmelzwassersand, Kies und Geröll. Davor liegt manchmal ein breiter Sandstrand, ein paar Monate später aber nur noch grober Kies – Zeugnis einer regen Küstendynamik.*

▲ *Eisaufpressung am Gelben Ufer – Ein schwerer Nordoststurm hat das Eis des Greifswalder Boddens mit großer Gewalt gegen das Ufer getrieben und am Kliff emporgeschoben. Ein solches Bild lässt ahnen, welche Naturkräfte manchmal an Rügens meist recht ruhig erscheinender Boddenküste wirken.*

▲ *Prosnitzer Schanze am Strelasund – Die heute völlig bewachsene Schanzenanlage aus der Schwedenzeit wurde an der schmalsten Stelle des Gewässers auf einem sandigen Höftland errichtet. Die Sandfahne im Flachwasser davor verrät die uferparallele Strömung im Strelasund. Gegenüber liegt das Festland mit dem Park von Niederhof.*

▶ *Steilufer am Strelasund auf Zudar – Das Kliff am Südufer des Zudar bei Maltzien besteht aus Geschiebemergel und -lehm. Starke Strömung bei Sturmhochwasser ist die Ursache, dass hier auf dem von festen Geschiebemergel gebildeten Strand kaum Sand oder Kies vorhanden sind, sondern nur Geröll und größere Geschiebe.*

▲ *Blick vom Kurpark Altefähr über den Strelasund – Bei einem Spaziergang durch den am Uferhang gelegenen Park öffnen sich immer wieder schöne Durchblicke zum Festland, auf die markante Silhouette der Stralsunder Altstadt (Erbe der Weltkultur) und zu der 2007 fertig gestellten neuen Rügenbrücke.*

▶ *Der Strelasund vor Stralsund – Die Insel Dänholm, über die Ziegelgrabenbrücke mit Stralsund und über den Rügendamm mit Rügen verbunden, ist die einzige Insel im Strelasund. Darüber liegt die Halbinsel Drigge. Im Hintergrund rechts das Festland, links Rügen mit der Prosnitzer Schanze; Blickrichtung Südost.*

INSEL HIDDENSEE

mit Dornbusch, Bessin und Gellen

Die Rügen westlich vorgelagerte, über 16 Kilometer lange, aber nur recht schmale Insel gilt vielen als die landschaftlich schönste an der deutschen Küste. So hat das zauberhafte Eiland unzählige Freunde, die nicht nur der schönen Sandstrände wegen kommen. Die autofreie Insel lädt in jeder Jahreszeit zu unvergesslichen Wanderungen ein. Die Wochen der Ginster- und Weißdornblüte und die der Heideblüte gelten dabei als besondere Höhepunkte.

Auf Hiddensee wird der Kontrast zwischen Inselkern, Nehrungen und Sandhaken besonders deutlich – und der dadurch bedingte Reiz der Landschaft. Die Außenküste südlich von Kloster bietet durchgehende Sandstrände. Im Norden der Insel wird das Bild von der markanten Hügelkette des Dornbusch-Inselkerns bestimmt.

Dornbusch

Dieser Endmoränenrücken verfügt über ein bewegtes Relief, das besonders auf dem unbewaldeten Teil des „Hochlandes" zur Geltung kommt. Von den mit Trockenrasen bedeckten Hügeln, besonders aber vom Leuchtturm auf dem Swantiberg (72 m), dem höchsten Punkt auf dem Dornbusch, hat der Wanderer eine überwältigende Aussicht. Er überblickt eine einmalig schöne Küstenlandschaft mit Inseln, Meer und Bodden. Die Sicht reicht weit über die anderen, flachen Areale Hiddensees, über große Teile der Insel Rügen, zu den Kreidekliffen der dänischen Insel Møn und zum fernen Festland. Der Dornbuschwald bedeckt im Süden, hohes Sanddorndickicht im Norden einen Teil der Hügel. Ein Netz von Wegen und Pfaden lädt ein zum Wandern.

◄ Aussicht vom Dornbusch – Dieser allen Hiddensee-Freunden bekannte „Inselblick" reicht über die flachen Areale der Insel, weit über Meer und Bodden, hinüber nach Rügen, zur Halbinsel Zingst und zum fernen Festland.

Dornbuschkliff

Mit einem beeindruckenden, teilweise 50 Meter hohen Steilufer bricht der Dornbusch zum Meer hin ab. Von hier stammt das Baumaterial für die flachen Areale der Insel. Seit mehr als 5000 Jahren arbeitet die See fortlaufend an diesem Kliff, das seither um mehr als einen Kilometer zurückgeschnitten wurde. Anfangs gelangte das hier abgetragene Material mit der Strömung hauptsächlich nach Süden. Es lagerte sich als Nehrungen zwischen den zwei dort vorhandenen flachen Inselkernen und dem Dornbusch ab. Später wuchs die Insel weiter – auch Gellen und Bessin wurden aus Sand und Kies vom Dornbusch aufgebaut. Eine Wanderung am Geröllstrand von Kloster zum Enddorn, längs der teilweise bizarren Steilküste, gehört zu den unvergesslichen Eindrücken, welche die Insel zu bieten hat: die hoch aufragenden Hänge aus Lehm und Sand, an denen es oft gewaltige Abbrüche und Rutschungen gibt, die Vielfalt der Gesteine am Strand …

Bessin

Die Aussicht von den Dornbuschhügeln gewährt auch einen Überblick über das wohl interessanteste Bauwerk des Meeres, das Hiddensee zu bieten hat: den Bessin (S. 33). Am nördlichsten Punkt des Dornbusches ganz schmal beginnend, wird er nach Süden hin breiter und gabelt sich. Boddenseitig liegt der Alte Bessin, seeseitig der Neue Bessin, dazwischen eine flache Lagune. Der Alte Bessin besaß schon vor über 100 Jahren seine heutige Form. Seit Mitte des vergangenen Jahrhunderts schüttet das Meer nun den Neuen Bessin auf, der überaus schnell nach Süden wuchs: etwa 35 Meter pro Jahr. In jüngster Zeit entstanden an seinen Flanken zwei winzige neue Sandhaken. Auch die gewaltige Sanddeponie im davor liegenden Flachwasser, die Bessinsche Schaar, wächst immer weiter. Hier lagert genügend Sand, aus dem das nächste Sturmhochwasser neues Land aufbauen kann.

Dünenheide und Fährinsel

Zwischen Vitte und Neuendorf erstreckt sich ein weiträumiges, mit Heidekraut bewachsenes Dünengelände – die größte Dünenheide an der deutschen Küste. Dazwischen wachsen Zwergsträucher und Wacholder, Birken und Kiefern. Die spätsommerliche Heideblüte zieht viele Naturfreunde hierher.

◀ *Dornbuschkliff – Mit diesem markanten, sich beständig verändernden Steilufer bricht der hohe Inselkern des Dornbusches nach Nordwesten zur Ostsee hin ab. Jahr für Jahr weicht das Ufer um etwa 30 bis 50 Zentimeter zurück. Das hier abgetragene und vom Wasser verfrachtete Lockermaterial kommt zum Teil am Bessin wieder zur Ablagerung.*

Östlich der Heide liegen nasse Boddenwiesen und – nur durch eine kleinen Wasserlauf getrennt – die Fährinsel. Auf ihr gibt es ein bemerkenswertes Strandwallsystem mit Geröllfeldern, die vor dem flachen Inselkern aufgeschüttet wurden. Darauf wachsen dichte Wacholderbestände.

Gellen

Etwa ein Viertel der Insellänge nimmt der Gellen ein – der gewaltige keulenförmige Sandhaken im Süden. Bogenförmig verlaufende, von flachen Dünen bedeckte Strandwälle bestimmen hier das Bild. Zwischen diesen trockenen „Reffen“ liegen „Riegen“ – feuchte Senken. Anders als am Bessin fehlt auf dem Gellen der Sanddornbewuchs. Weite Teile in diesem vom Menschen ungestörten Gebiet sind mit Strandhafer, Zwergsträuchern oder Trockenrasen bewachsen. Im Bodden östlich vom Gellen liegt ein ausgedehntes Flachwassergebiet, die Gellenschaar, mit der winzigen Insel Gänsewerder. Dort lagert sich immer wieder neuer Sand ab, der bei Sturm mit der Strömung von der Außenküste her in diese Stillwasserzone im Bodden transportiert wird. Hier und am Bessin wächst Hiddensee auch heute noch weiter.

◄ *Der Gellen – Dieser gewaltige keulenförmige Sandhaken nimmt fast ein Drittel der Insellänge ein. Aufgebaut aus dem vom Dornbusch abgetragenen Lockermaterial, belegen seine bogenförmig verlaufenden Strandwälle jeweils ein schweres Sturmhochwasser.*

▲ *Aktives Kliff am Dornbusch – Immer wieder rutschen gewaltige Schollen von Geschiebemergel und Sand aus dem Steilufer auf den Strand. Zurück bleiben dort aber nur die vielfarbigen Geschiebe – die vom Inlandeis mitgebrachten „Boten aus dem Norden".*

▲ *Strandwallebene am Gellen – Trockene Strandwälle und feuchte Senken wechseln auf weiten, meist nur spärlich bewachsenen Flächen im südlichsten Teil der Insel Hiddensee, der zur Kernzone des Nationalparks Vorpommersche Boddenlandschaft gehört und ganz der Natur überlassen ist.*

▶ *Am Bodden bei Neuendorf – Das kleine Fischerdorf wurde auf Strandwällen gebaut, welche die Ostsee vor etwa 4000 Jahren aufschüttete. Im Röhrichtgürtel des Boddenufers blühen Salzastern. Sie sind auf dem nährstoffreichen Angespül, das der Bodden im Winter hier auswirft, besonders kräftig und hoch gewachsen.*

▲ *Ginsterblüte am Dornbusch – Die hohen Sträucher des Besenginsters bedecken große Flächen der Dornbuschhügel und zeigen ihre goldene Blütenpracht etwa Ende Mai/Anfang Juni. Aussicht vom „Inselblick" nach Osten über Grieben zum Bessin; am Horizont der Bug und Westrügen.*

▶ *Heideblüte – Die ausgedehnte Dünenheide zwischen Vitte und Neuendorf gilt als größte Heidelandschaft an der deutschen Küste. Wenn das Heidekraut Ende August/Anfang September blüht, zieht es die zahlreichen Touristen ebenso hierher wie die Imker, deren Bienenvölker dann hier ausgiebig „weiden".*

▲ *Blick vom Bodden zur Ostsee – Der obere Landstreifen ist Hiddensee – links Vitte, rechts Kloster und der Dornbusch, darüber die freie Ostsee. Die in ihrer Längserstreckung Nord–Süd verlaufende Insel liegt wie ein Schutzwall vor der Insel Rügen und ihrer Bodden.*

▶ *Strand vor Vitte – Ein solcher stürmischer Sommertag an der Außenküste ist ein Urlaubserlebnis der besonderen Art – auch wenn Sonnenanbeter an solchen Tagen nicht voll auf ihre Kosten kommen. Dafür kann der Strandwanderer hin und wieder Bernstein finden.*

▲ *Winterblick vom Leuchtturm – Die schneefreie Hügellandschaft am Dornbusch wirkt im Schein der tief stehenden Wintersonne besonders plastisch. Blick über die Häuser von Grieben und den Bodden zum Bessin, zum Bug und nach Westrügen (am Horizont).*

▶ *Leuchtturm auf dem Dornbusch – Das Wahrzeichen von Hiddensee steht auf dem höchsten Hügel des Inselkerns, kann bestiegen werden und bietet von seiner Aussichtsgalerie einen weiten Blick über die reich gegliederten Landschaften von Hiddensee und Rügen.*

DER AUTOR UND DIE MITARBEITER

Mehr als drei Jahrzehnte lang war der in Stralsund wohnhafte Geologe Rolf Reinicke zusammen mit seiner Frau auf Rügen und Hiddensee unterwegs – an ungezählten Wochenenden, bei jedem Wetter, zu jeder Jahreszeit. Gemeinsam entdeckten und erlebten sie diese vielfältige Küste immer neu, beobachteten, dokumentierten ihren Wandel … Daher kennen sie die Inseln sicher weitaus besser als viele andere. Immer war bei den Wanderungen auch die Kamera dabei. Die besten der so entstandenen Fotos sind in diesem Buch zu finden.

Rolf Reinicke (Jg. 1943) gilt als hervorragender Kenner der gesamten Ostseeküste. Er studierte in Greifswald Geologie und war bis zu seiner Pensionierung 28 Jahre wissenschaftlicher Mitarbeiter am Stralsunder Meeresmuseum. Der bekannte Landschaftsfotograf ist gleichzeitig erfolgreicher Buchautor. Bisher erschienen von ihm insgesamt 18 Titel zum Thema Küstenlandschaften. Dafür lieferte er nicht nur die bemerkenswerten Fotos, sondern auch die sachkundigen Texte.

Seine Ehefrau, Inge Reinicke, pensionierte Gymnasiallehrerin, unterstützt ihn bei seiner Arbeit – sie dokumentiert, zeichnet und lektoriert.

Der als freier Grafiker und Designer in Kanada etablierte Sohn Matthias Reinicke (Jg. 1968) gestaltete viele der Bücher seines Vaters, so auch dieses.

In dieser Reihe erschienen bereits folgende Bücher von Rolf Reinicke:

MÖNCHGUT – ZAUBER EINER RÜGENLANDSCHAFT

INSEL RÜGEN – DIE KREIDEKÜSTE

VORPOMMERSCHE BODDENKÜSTE

Weitere Ostseeküsten-Bücher von Rolf Reinicke:

KÜSTEN DER OSTSEE

INSELN DER OSTSEE

Die Fotos für dieses Buch entstanden im Zeitraum vom Frühjahr 1980 bis zum Sommer 2009. Es sind Mittelformat-Farbdias, fotografiert mit PENTACON six und Objektiven von Carl Zeiss Jena auf ORWO Color, AGFA 100 RS, FUJI Velvia und FUJI Provia.

RÜGEN

Insellandschaften

Die Landschaften auf Rügen, der größten deutschen Insel, und auf der ihr westlich vorgelagerten Insel Hiddensee gelten als die schönsten und vielfältigsten der deutschen Küste.

Gliederung der Insellandschaften
(entsprechende Kapitel in diesem Buch)

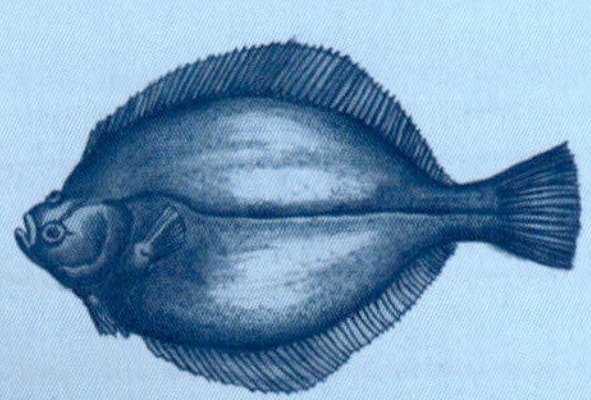